ICH WERDE VON NUN AN JEDEN TA...
AUFSCHREIBEN, WAS ICH ERLEBT HABE, ICH
WERDE EIN TAGEBUCH FÜHREN!!

ICH WAR TRAURIG, SEHR TRAURIG!

PFUI!!
PFUI!!
PFUI!!

ICH SCHNURRE IHM DIE OHREN VOLL

SCHLOSS DIE AUGEN

UND ES WAR MIR SEHR SCHWER UMS HERZ

Josef Kolář · Kater Schnurr mit den blauen Augen

JOSEF KOLÁŘ

Kater Schnurr mit den blauen Augen

Mit Illustrationen
von Helena Zmatlíková

Tschechischer Originaltitel: Z deníku kocoura Modroočka
© Text: 1965, Josef Kolář
© Illustrationen: 1965, Hana Zmatlíková c/o DILIA, Praha
© Übersetzung aus dem Tschechischen: Otfried Preußler

© deutschsprachige Lizenzausgabe: leiv Leipziger Kinderbuchverlag GmbH
2. Auflage 2021
Typografie: Jochen Busch
Druck und Binden: Central Dabasi Nyomda Zrt.
Printed in Hungary

ISBN: 978-3-89603-023-8
www.leiv-verlag.de

ICH HEISSE
SCHNURR

Heute blühen die ersten Rosen

ICH BIN DER KATER SCHNURR MIT den blauen Augen. Ich kam zur Welt, als alles grün und voller Blüten war. Als die Bäume ihr Blütenkleid abgelegt hatten, gab meine Mutter mich hierher, wo ich jetzt lebe.

Ich lebe bei einem Zweibeiner. Er ist sehr groß und läuft nur auf den Hinterpfoten, wie das bei den Zweibeinern so üblich ist. Auf allen vieren läuft er nur, wenn er mit mir spielen möchte. Dann wälzt er sich mit mir auf dem Boden herum, und wir haben großen Spaß daran. Meine Pfötchen sind ganz weich und sanft. Ich ziehe meine Krallen ein und beiße ihn nicht mal zum Spaß. Ich muss nämlich aufpassen, dass ich ihm keinen Schaden zufüge. Wenn wir Pfötchengeben spielen, brauche ich ihn nur ganz wenig mit den Krallen zu ritzen: Gleich fängt er an zu bluten, und ich bekomme eine Kopfnuss. Da bin ich beleidigt und verziehe mich in mein Körbchen. Wenn ich aber sehe, dass er lange genug traurig gewesen ist, springe ich ihm auf die Schulter und schnurre ihm die Ohren voll. Dann

5

nimmt er mich in seine Vorderpfoten und streichelt mir den Schnurrbart mit einem seltsamen hölzernen Ding, an dem lauter Borsten dran sind. Viele kurze Borsten. Er streichelt mir damit das Gesicht, und ich schnurre. Schön fein und hoch, um ihm zu zeigen, wie gern ich das mag.

Wenn ich aber genug habe, höre ich auf zu schnurren. Streichelt er mich trotzdem weiter, sage ich: „Njä-ä-ä-ä!" Und wenn er nicht aufhört, kratze ich ihn, bekomme eine Kopfnuss und verziehe mich in mein Körbchen. Dort sitze ich dann, den Schwanz um die Vorderpfoten geringelt, und mache ein finsteres Gesicht.

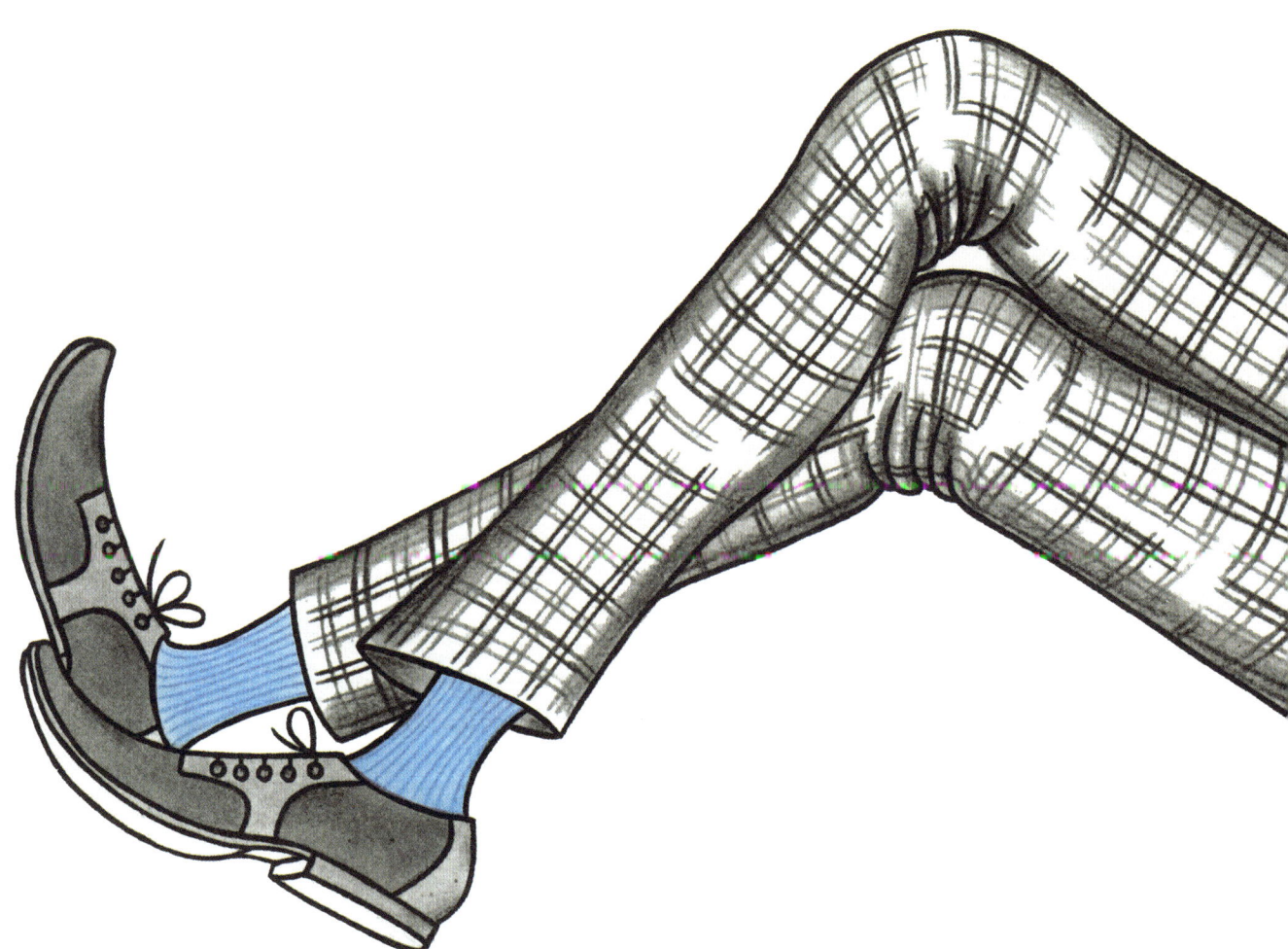

Es dauert nicht lange, da ruft er: „Schnurrchen, komm zu mir! Komm doch wieder zu mir, Schnurrchen!"

Aber ich denke gar nicht daran, denn erstens bin ich beleidigt, und zweitens bin ich kein Schnurrchen, sondern der Kater Schnurr. Schnurrchen?! Ich bin nun mal keine Miezekatze, ich bin ein Kater. Ein Kater mit blauen Augen und einer schwarzen Schnauze. Auch meine Ohren, mein Schwanz und die Pfoten sind schwarz. Das passt sehr hübsch zu meinem sonst silbergrauen Fell.

Wenn der Zweibeiner mich auslacht, weil ich beleidigt bin, lecke ich mir die Pfoten und wasche mich überall dort, wo er mich gestreichelt hat. Er wäscht sich übrigens auch immer die Pfoten, wenn er mit mir gespielt hat. Aber er bringt es nicht fertig, sie ordentlich abzulecken. Er muss sie, so lächerlich das klingt, beim Waschen ins Wasser tauchen. Und sich am ganzen Körper abzulecken, ohne ein einziges Fleckchen dabei auszulassen, das bringt er erst recht nicht fertig.

Mein Zweibeiner ist überhaupt ziemlich ungeschickt. Er kann weder richtig schleichen noch große Sprünge machen. Schreiben kann er überhaupt nur mit einer Pfote. Und das noch dazu mithilfe einer merkwürdigen schwarzen Kralle, die gar nicht kratzt; sie raschelt nur auf dem weißen Zeug dahin, auf dem er zu schreiben pflegt.

Einmal ließ er die Schreibkralle fallen, und sie rollte zu Boden. Ich sprang hinzu, um sie aufzuhalten. Dabei habe ich mir aber die ganze Pfote blau gemacht. Und als ich mich dann leckte, bekam ich auch noch eine blaue Zunge. Das war eine schöne Bescherung!

Ich selbst kann natürlich mit beiden Vorderpfoten schreiben. Und zwar schreibe ich mit meinen Krallen in das große weiche Ding, worin sich mein Zweibeiner auszuruhen pflegt, und das die merkwürdige Bezeichnung „Lehnstuhl" trägt. Aber ich muss schreiben, wenn er nicht hinschaut. Sonst bekomme ich Ärger.

Na wenn schon! Was ich aufschreibe, bleibt für alle Zeiten zu sehen. Und ich werde von nun an jeden Tag aufschreiben, was ich erlebt habe: Ich werde ein Tagebuch führen.

EIN ABEND MIT DER GELBEN MIEZE

Heute stehen die Rosen in voller Blüte

RATET MAL, WAS GESTERN AN DER Wand unserer Höhle geschrieben stand, die ich mit meinem Zweibeiner bewohne! Dort stand in der geheimen, unsichtbaren Katzenschrift, die man nicht mit den Augen, sondern mit der Schnauze liest: „Ich komme dich in der Abenddämmerung besuchen.

Die Gelbe Mieze."

Am Abend, als es schon völlig dunkel war, so dass die Zweibeiner in ihren Höhlen das Licht anknipsen mussten, kam sie dann tatsächlich angeschlichen, die Gelbe Mieze. Sie war ziemlich schmutzig und klagte:

„Ich habe Hunger!" Als ich zur Begrüßung an ihr entlangstrich, merkte ich, dass sie schrecklich mager war. Ganz deutlich hörte ich ihren Magen knurren.

„Warte!", sagte ich. „Nach einer Weile gehen wir hinein zu uns, ich lade dich zum Abendbrot ein."

Kurz darauf öffnete sich eine schmale Spalte im Eingang zur Höhle meines

Zweibeiners. Die Gelbe Mieze schlüpfte geschwind hinein, und ich folgte ihr. Sie lief zu meinem Schüsselchen und machte sich mit solchem Appetit über mein Abendbrot her, dass ich nur so staunte. Ich ließ sie schmausen und schaute ihr dabei zu.

Dann saßen wir wieder draußen im Freien und haben lange zweistimmig geschnurrt – sie zufrieden und ich nachdenklich. Schließlich fragte die Gelbe Mieze:

„Darf ich am Morgen wiederkommen? Ich werde bestimmt wieder hungrig sein."

„Wo wohnst du denn eigentlich?", fragte ich sie; und sie gab mir zur Antwort:

„Nirgends. Ich streune herum. Du hast es gut, denn du bist noch klein. Wenn du erst mal erwachsen bist, wirst du dich genauso herumtreiben müssen wie ich."

Ich blickte sie verwundert an. Was hatte sie da gesagt? War es denn nicht überall auf Erden so eingerichtet, dass man früh seine volle Schüssel bekam und am Abend wieder? Ich kann essen, wann ich Lust habe. Wenn ich nicht essen mag, spiele ich. Etwas anderes brauche ich nicht zu tun. Bloß am Morgen, wenn der Zweibeiner sich von seinem Lager erhebt, muss ich ihn begrüßen. Ich streiche ihm um die nackten Pfoten und lege mich auf den Rücken. Er krault mir den Hals – und dann habe ich den ganzen lieben Tag nichts weiter zu tun als zu spielen.

Die Gelbe Mieze schaute mich mit ihren großen grünen Augen von der Seite an und sagte:

„Du bist noch sehr jung und deshalb ein bisschen dumm. Du glaubst, dass du mit dem Zweibeiner spielst; aber in Wirklichkeit spielt er mit dir. Mich haben die Zweibeiner sogar manchmal auf die Schnauze geküsst, was ich gar nicht leiden kann. Aber wenn du erst groß bist und nicht mehr mit ihnen spielen magst, jagen sie dich davon. Auch dir wird es eines Tages nicht anders ergehen! – Sei bloß froh, dass es hier bei euch keine kleinen Zweibeiner gibt! Die können mitunter entsetzlich grausam sein. Wo ich früher war, hatten wir welche, die haben mich manchmal fast in der Mitte auseinandergerissen …"

Lange saßen wir dann beisammen, bis die Gelbe Mieze zu singen begann: ein leises, trauriges Liedchen von ihrem heimatlosen Leben und vom Undank der Zweibeiner. Ich hörte ihr schweigend zu – bis sie dann „Gute Nacht!" sagte und verschwand.

Ich war traurig, sehr traurig. Wie immer vor dem Schlafengehen strich mir der Zweibeiner auch an diesem Abend mit dem Borstenholz über den Kopf, den Hals und den Rücken. Ich wusste, dass ich nun zufrieden schnurren sollte; das erwartete er von mir.

Aber ich traute ihm nicht mehr über den Weg und schwieg.

Dann hat er mir länger als sonst den Hals gekrault, doch ich gab keinen Ton von mir. Ich dachte nur immer:

„So also ist das Katzenleben? O jemine!"

EIN TAG MIT DER GELBEN MIEZE

Die Rosen blühen noch immer

ICH BIN GUTER DINGE, WEIL AUCH DIE Gelbe Mieze jetzt guter Dinge ist. Sie ist zum Frühstück bei mir gewesen, sie ist auch wieder zum Abendbrot gekommen. Ach du liebe Zeit, hat die gefuttert! Bevor ich richtig hinschauen konnte, war die Schüssel schon leer. Ich hab mir absichtlich Zeit gelassen beim Essen. Jeden Bissen habe ich lange und gründlich durchgekaut. Erstens soll das außerordentlich gesund sein, und zweitens bleibt dabei für die Gelbe Mieze mehr übrig.

Nach dem Essen wuschen wir uns die Pfoten und mit den Pfoten die Schnauze. Dann gingen wir gemeinsam in den Garten. Draußen sagte sie:

„Du bist wirklich ein liebes Katerchen, Schnurr! Zum Dank werde ich dir beibringen, wie man auf Bäume klettert. Am besten fangen wir gleich damit an."

Ich fand ihren Vorschlag großartig und war einverstanden.

„Zuerst musst du dich ein wenig ducken!", sagte die Gelbe Mieze und duckte sich.

13

„Dann musst du tief Atem holen", fuhr sie fort und holte tief Atem.

„Und jetzt kommt die Hauptsache! Jetzt musst du emporspringen, so hoch du kannst, und dabei tüchtig fauchen und knurren." Sie fauchte und knurrte aus Leibeskräften – und schon war sie oben auf dem Baum!

„Schau, wie ich mich mit den Krallen hier oben festhalte!", rief sie mir zu. „Du brauchst nur ordentlich zu knurren und zu fauchen, hier oben geht es dann ganz von selbst."

Im Handumdrehen war sie hoch oben in den Zweigen und forderte mich auf, ihr das nachzumachen.

Nun, ich habe es also versucht. Ich hab mich geduckt und gefaucht und geknurrt, bin hochgesprungen und habe mich festkrallen wollen. Das Fauchen und Knurren ging recht gut; aber der Baum war dort oben viel zu glatt. Ich fand mit den Krallen keinen rechten Halt und plumpste herunter.

„Wie eine reife Birne!", meinte die Gelbe Mieze und riet mir: „Du musst die Pfoten weiter ausbreiten! Als ob du den Stamm umarmen wolltest!"

Also gut, ich habe die Pfoten weit ausgebreitet; aber ich bin trotzdem noch viele Male heruntergeplumpst.

„Wie eine reife Birne!", sagte die Gelbe Mieze immer wieder und schüttelte unzufrieden den Kopf.

Endlich ist es mir aber doch gelungen. Ich kletterte zu der Gelben Mieze hinauf in die Zweige. Wie schön ist es doch, die Welt von oben zu sehen! Wir saßen hoch oben auf unserem Baum und blickten weit in die Runde. Die Gelbe Mieze hielt die Augen halb geschlossen und schnurrte. Ich war ganz bestürzt von der herrlichen Aussicht und schwieg. Ich musste daran denken, dass die Gelbe Mieze so klug war – und trotzdem hatte sie nirgends ein warmes Lager und niemanden, der sie streichelte. Das tat mir sehr leid. Ich kuschelte mich an sie, leckte ihr den Hals und schnurrte ihr zärtlich ins Ohr. Aber sie rückte ein Stück von mir ab und sagte:

„Lass das, sonst kriegst du Flöhe! Ich schlaf nicht in einem sauberen Körbchen wie du."

Und sie kratzte sich.

„Flöhe kriegen?", fragte ich sie. „Was ist das?"

Da sträubte sie den Schnurr-

bart und sagte: „Das wirst du gleich merken, wenn du nicht von mir wegrückst."

Ich bin nicht von ihr weggerückt, denn ich habe die Gelbe Mieze gern. Ich hab mich absichtlich noch dichter an sie herangekuschelt, und die Gelbe Mieze hat nichts mehr gesagt. Sie hat mich nur manchmal ganz leicht mit dem Schwanz gestupst. Und dann hat sie den Kopf auf die Vorderpfoten gelegt und hat leise geknurrt:

„Ach, du dummes Katerchen, was bist du für ein netter kleiner Kerl!"

So haben wir also beisammen gesessen, und unten sind die Zweibeiner herumgelaufen, von denen mir die Gelbe Mieze erzählte, dass sie eigentlich Menschen heißen. Die Sonne schickte sich an, zur Ruhe zu gehen; der Tag neigte sich langsam dem Ende zu. Das war schön.

Doch plötzlich sauste unten ein riesiges Ungeheuer vorbei. Es schnaufte, ratterte und lärmte entsetzlich. Vorn hatte es zwei große weiß glühende Augen und hinten zwei kleine rote. Auf einmal blieb es bei einem Häuflein von Zweibeinern stehen, öffnete den Rachen und verschlang sie alle miteinander. Dann blinzelte es mit den kleinen roten Augen und sauste mit ohrenbetäubendem Geratter weiter.

Ich war zu Tode erschrocken. Dieses Ungetüm! Es hatte auf einen Ritt mindestens ein Dutzend Leute verschlungen! Aber die Gelbe Mieze zuckte nur mit dem Schwanz.

„Das hat nichts zu bedeuten", sagte sie. „Die spuckt es an einer anderen Stelle wieder aus, und anschließend verschluckt es gleich wieder neue. Dieses närrische Geschöpf saust hier öfters vorbei. Weiß der Kuckuck, weshalb es sich derart mit Menschen vollstopft, wenn sie ihm gar nicht schmecken. Ich bin jedenfalls vorsichtig und gehe ihm aus dem Weg."

Es war schon stockdunkel, als mein Zweibeiner – oder vielmehr: mein Mensch – mich nach Hause rief. Die Gelbe Mieze und ich wünschten uns gegenseitig eine gute Nacht, und ich begab mich in mein Körbchen.

Zwei Dinge aber ließen mich an diesem Abend nicht einschlafen: Irgendetwas biss und juckte mich ständig im Fell – und außerdem ging mir das seltsame Ungeheuer nicht aus dem Kopf, das die Menschen bloß deshalb dutzendweise verschlang, um sie anderswo wieder auszuspucken.

ICH BIN KRANK GEWESEN

Heute geht es mir etwas besser

BEI SCHÖNEM WETTER DARF ICH IN den Garten hinaus. Hinter unserem Haus finde ich manchmal einen guten Bissen: einen Heringskopf, ein Hühnerbein, einen Knochen oder dergleichen. Das duftet immer sehr gut und interessant. Ich packe das Zeug mit den Zähnen und eile damit nach Hause ins Körbchen. Wenn mein Mensch es dort findet, sagt er immer: „Pfui!" und wirft es hinaus. Ich suche es mir draußen wieder, und wenn er nicht aufpasst, bringe ich es schnell zurück. Er sagt wieder: „Pfui!" und wirft es abermals hinaus. Er ist ärgerlich, ich bin auch ärgerlich. Er wäscht sich die Pfoten, und ich knurre zornig.

Trotzdem habe ich immer und immer wieder solche verbotenen Dinge herbeigeschleppt, bis ich eines schönen Tages davon krank wurde. Ich bekam heftige Bauchschmerzen, hatte eine heiße Schnauze und konnte überhaupt nichts mehr fressen. Da verkroch ich mich in mein Körbchen, als ob es ans Sterben ginge. Aber mein Mensch nahm mich heraus und trug mich weit fort. Er brachte mich in die Höhle eines anderen Menschen, der ganz weiß gekleidet war. Der betastete mir die Schnauze und schaute mir in den Hals. Dann nahm er ein dünnes glänzendes Röhrchen, steckte es mir hinten hinein – und stellt euch vor, plötzlich hatte ich zwei Schwänze!

Nach einer Weile zog mir der fremde Zweibeiner das glänzende Röhrchen wieder heraus und betrachtete es. Dann haben wir uns lange gegenseitig angeschaut, er traurig und ich auch traurig. Ich war überzeugt davon, dass ich ganz gewiss sterben musste.

Danach steckte mir der weiße Mann eine kleine gelbe Erbse ins Maul, aber als ich darauf biss, war das so bitter, dass ich mich geschüttelt hab und sie gleich wieder ausspuckte. Der weiße Mann hat unzufrieden gebrummt, und dann hat er meinem Menschen eine ganze Handvoll von diesen bitteren Erbsen mitgegeben.

Mein Mensch nahm mich wieder auf den Arm und trug mich nach Hause. Dort angekommen, hat er mich immerzu gequält. Er wollte unbedingt, dass ich diese bitteren kleinen Erbsen fraß. Ich hab mich gewehrt, hab geschrien und gekratzt und nicht eine einzige geschluckt. Ich fand es sehr rücksichtslos, dass er mich auch noch quälte, wo doch mein letztes Stündlein bald gekommen war. Was nützte es da, wenn er mich hinterher streichelte und leise auf mich einredete? Ich wünschte, in Ruhe gelassen zu werden. Deshalb legte ich den Kopf auf die Vorderpfoten und schloss die Augen, als wollte ich schlafen. Da ging er weg.

Dann geschah lange Zeit überhaupt nichts. Ich fühlte mich bloß sehr elend und schwach. Später zupfte mich jemand behutsam am Bart. Unter großer Mühe öffnete ich die Augen und sah, dass mein Mensch wieder da war. Und ich sah auch, dass er wieder solch eine kleine Erbse in der Hand hielt. Jetzt war mir schon alles einerlei. Er öffnete mir mit der einen Pfote das Maul und ließ mir eine von diesen Erbsen geradenwegs in den Schlund fallen. Ich konnte sie nur noch herunterschlucken – und siehe da! Diesmal schmeckte sie überhaupt nicht bitter.

Mein Mensch lachte mich an, streichelte mich und ging weg. Gleich darauf bin ich wieder eingeschlafen. Am nächsten Morgen brachte er mir wieder solch eine kleine Erbse. Nun wusste ich schon, dass man diese Dinger nicht zerbeißen darf, und ich habe sie also wieder bloß runtergeschluckt.

„Na, siehst du, es geht ja immer besser!", sagte mein Mensch und freute sich. Er tätschelte mir den Kopf und legte mich ins Körbchen zurück.

Von nun an hat er mir immer wieder eine von diesen kleinen gelben Erbsen gebracht. Ich habe die ganze Zeit über bloß dagelegen und geschlafen. Und wenn ich erwacht bin, hab ich wieder eine Erbse zu schlucken bekommen. Die Bauchschmerzen ließen allmählich nach, ich verspürte auch immer weniger Lust zu sterben; und eines Morgens hab ich mir dann gesagt:

„Ach was, ich bleib lieber doch am Leben!"

Nun bekam ich auch wieder Hunger, und er brachte mir ein Stück Fisch ans Körbchen. Hmmm, wie das schmeckte! Endlich konnte ich wieder fressen! Dann schenkte er mir einen kleinen weißen Lederball, und ich habe zum ersten Mal wieder gespielt. Dann bin ich aufs Fensterbrett gesprungen, und dort hab ich aus lauter Freude am Leben einen Blumentopf umgeworfen. Aber ich bekam nicht mal eine Kopfnuss dafür!

Kranksein ist gar keine üble Sache, sobald man weiß, dass man nicht zu sterben braucht. Alle sind nett zu einem; niemand regt sich auf, wenn man unartig ist. Trotzdem möchte ich von jetzt an lieber gesund bleiben. Nun weiß ich ja, was man tun muss, um nicht krank zu werden. Ich werde nie mehr verbotene Dinge ins Maul nehmen. Mein Mensch tut das auch nicht. Er wäscht sich vor dem Essen immer die Pfoten. Ich wasche sie mir auch, aber erst hinterher. Wenn er mich wieder einmal baden will, werd ich mich nicht mehr dagegen sträuben. Vielleicht badet er mich schon morgen. Nach dem Bad werde ich ein federleichtes, duftiges Fell haben – und dann werde ich nach der Gelben Mieze sehen.

Darauf freue ich mich schon mächtig.

HILFE IN DER NOT

Das Gras ist sehr hoch

HEUTE DURFTE ICH ZUM ERSTEN MAL wieder ins Freie hinaus. Ich verließ die Höhle meines Menschen, um nach der Gelben Mieze zu sehen. Was sie wohl trieb? Während der ganzen Zeit meiner Krankheit hatte sie mich nie besucht. Möglich, dass man sie nicht zu mir hereingelassen hat. Aber ich musste sie unbedingt sprechen, denn ich hatte schon große Sehnsucht nach ihr. Zuerst konnte ich sie lange Zeit nirgends finden, aber dann hab ich sie plötzlich erspäht. Nicht in unserem Garten, sondern draußen hinter dem Zaun.

„Wie geht's, Gelbe Mieze?", rief ich ihr zu. „Ich bin wieder gesund!"

Aber sie würdigte mich keines Blickes und lief fort. Ich rief noch einmal: „Mieze! Gelbe Mieze!" Doch sie tat wieder nicht dergleichen. Da lief ich ihr nach und wollte durch den Zaun schlüpfen.

Jetzt geschah eine ausgesprochen dumme Geschichte. Als ich nämlich den Kopf durch den Zaun gesteckt hatte, ging es plötzlich nicht mehr weiter. Mit dem Kopf und den Ohren war ich im Garten der Gelben Mieze, alles andere befand sich auf unserer Seite des Zaunes. Und so viel ich auch zog und zerrte: Es ging weder vorwärts noch zurück! Bloß die Ohren hab ich mir zerschunden dabei. Ach du liebe Güte, das war ein Schreck! Vor Angst fing ich an, um Hilfe zu rufen.

Wie lang ich geschrien habe, weiß ich nicht. Aber auf einmal sagte jemand hinter mir in der Katzensprache:

„Na, du Schlaumeier! Hast du denn keinen Schnurrbart?"

„Was geht dich mein Schnurrbart an?", gab ich ärgerlich zurück. „Vielleicht habe ich einen besseren als du!"

„Spar dir die großen Reden", sagte die unbekannte Katzenstimme hinter mir. „Damit kommst du hier niemals raus."

Musste ich mir das bieten lassen? „Geh deiner Wege und lass mich in Frieden!", knurrte ich.

„Wenn ich meiner Wege ginge, wäre das gar nicht besonders gut für dich", sagte die Stimme hinter mir. „Oder möchtest du, dass dich die Hühner in die Nase picken und die Gänse an den Ohren ziehen? Vielleicht reißen sie dir auch den Schnurrbart aus. Du weißt ja, sie können unsereinen nicht ausstehen."

„Was faselst du da von Hühnern und Gänsen!", entgegnete ich. Aber im gleichen Augenblick wurde mir klar, dass ich allen Grund zur Besorgnis hatte: Durch den Nachbargarten kam tatsächlich eine Hühnerschar auf mich zu gerannt, und zwei große weiße Gänse watschelten hinterdrein! Da bekam ich es mit der Angst und begann zu betteln:

„Ich bitte dich, hilf mir!"

„Deshalb bin ich ja gekommen", sagte der Unbekannte hinter mir mit ruhiger Stimme. „Sei still und tu, was ich dir sage. Lege dich auf den Bauch und presse dich fest an den Boden, unten ist die Lücke nämlich ein bisschen breiter. Gut so! Jetzt dreh den Kopf ein wenig zur Seite und drücke dein Gesicht so tief hinunter, wie du nur kannst! Nur keine Angst, du wirst dir nicht gleich den Schnurrbart abbrechen. Bravo! Nun musst du dich mit den Hinterpfoten fest einstemmen – und wenn ich ‚Los!' sage, ziehst du mit aller Gewalt nach rückwärts. – Achtung … fertig … los!"

Ich zerrte und zerrte, bis ich das Gefühl hatte, mein Hals sei mindestens dreimal so lang wie sonst. Da gab es plötzlich einen Ruck – und ich war frei! Aufatmend machte ich kehrt, um zu sehen, wer mir da aus der Patsche geholfen hatte.

Vor mir saß ein Kater, der um einen guten Kopf größer war als ich selbst. Er hatte einen prächtigen weißen Schnurrbart und war über und über weiß und gelb gestreift. Wie Milch und Honig. Als sei gar nichts geschehen, leckte er sich die Vorderpfoten.

„Vielen Dank für die Hilfe!", sagte ich mit einem Seitenblick auf die Hühner und Gänse im Nachbargarten.

„Keine Ursache", erwiderte mein Retter und fügte hinzu: „Übrigens bin ich der Kater Weißbart."

„Und ich bin der Kater Schnurr mit den blauen Augen und werde dir ewig dankbar sein. Aber warum hast du dich vorhin über meinen Schnurrbart lustig gemacht?"

„Über deinen Schnurrbart? Ich fürchte, du weißt nicht einmal, wozu du ihn hast!"

„Zur Zierde natürlich", sagte ich und spitzte den Mund, um den Bart zu sträuben.

Aber der Kater Weißbart fuhr sich mit der Pfote über die Schnauze und stöhnte:

„Mit dir hat man seine liebe Not! Du bist ganz schön dumm, wie mir scheint!"

Und er fuhr fort: „Merke dir, Schnurr, du darfst nirgendwo hineinschlüpfen, wo du nicht mit Kopf und Schnurrbart durchkommst, ohne anzustoßen. Den Schnurrbart an der Schnauze und die Borsten über den Augen hast du nämlich in der Hauptsache dazu, um damit abzutasten, ob eine Lücke groß genug für dich ist. Darum nimm in Zukunft lieber zweimal Maß, bevor du einmal irgendwo hineinschlüpfst. Vergiss das nicht! – Wohin wolltest du eigentlich so geschwind, wenn man fragen darf?"

Da erzählte ich ihm, wie ich die Gelbe Mieze kennengelernt hatte und dass ich sie suchte.

„Die Gelbe Mieze?", sagte der Kater Weißbart. „Die kenne ich auch. Aber heut kannst du nicht zu ihr. Sie hat gestern nämlich drei kleine Kätzchen bekommen, und heute ist sie sehr glücklich und sehr beschäftigt. Warten wir lieber bis morgen, dann können wir sie gemeinsam besuchen gehen."

EINIGES
ÜBER
KATZEN-
KINDER

Wie herrlich das Gras heute duftet!

DER TAG HATTE KAUM BEGONNEN, da ging ich mit Kater Weißbart die Gelbe Mieze besuchen. Mein neuer Freund führte mich durch unseren Garten und mehrere Nachbargärten bis an ein hohes Haus. Dann sind wir rund um dieses hohe Haus herumgelaufen, aber wir fanden keine Stelle, um hineinzuschlüpfen.

„Macht nichts", sagte der schlaue Weißbart. „Halte dich nur immer hinter mir!"

Er kletterte auf einen hohen Baum, der dicht neben dem Haus stand. Ich hinterher. Er stieg auf einen Ast, der zum Haus hinüberreichte. Ich hinterher. Er sprang auf das Dach des Hauses. Ich hinterher. Er verschwand in einer der Dachluken. Ich hinterher. Als wir drin waren, führte er mich zu einer dunklen Ecke, wo in einem Nestchen aus Heu die Gelbe Mieze mit ihren Kinderchen lag. Eines davon leckte sie gerade auf das gründlichste ab.

„Hier hast du also die Gelbe Mieze mit ihrer Familie", flüsterte mir der Kater Weißbart zu, und ich rief:

26

„Guten Tag, Gelbe Mieze! Wie geht's dir denn?"

Die Gelbe Mieze richtete ihre grünen Augen auf mich. „Schön willkommen – und keinen Schritt näher!", sagte sie.

Wir haben uns also brav hingesetzt, haben unsere Schwänze um die Vorderpfoten geringelt und uns die Katzenkinder von Weitem angeguckt.

„Du, Weißbart", sagte ich halblaut zu meinem Freund. „Die kleinen Dinger sind ganz schön hässlich – findest du nicht? Und blind sind sie außerdem!"

Das hätte ich nicht sagen sollen. Denn ich hatte es kaum ausgesprochen, als die Gelbe Mieze auch schon aufsprang und mir rechts und links eine herunterhaute. Dann packte sie das Kleine, das sie gerade abgeleckt hatte, beim Wickel und sprang mit ihm davon. Nach einer Weile kam sie zurück und holte das zweite Kätzchen. Schließlich holte sie auch das dritte und ließ sich nicht mehr sehen.

„Wie konntest du so was sagen!", meinte der Kater Weißbart. „Jeder Mutter tut es weh, wenn ihr jemand die Kinder schlechtmacht. Und außerdem – du glaubst wohl nicht im Ernst, dass du hübscher ausgesehen hast, als du zwei Tage alt warst?"

„Aber blind bin ich nicht gewesen!"

„Oh doch! Du warst ebenso blind wie jedes andere neugeborene Katzenkind!"

Ich glaubte es ihm nicht, weil ich mich nicht daran erinnern konnte, jemals blind gewesen zu sein. Aber der Kater Weißbart erzählte mir:

„Jedes Katzenkind kommt mit zugeklebten Augen zur Welt – einerlei, ob es ein kleiner Tiger oder ein Löwe ist, ein Puma oder ein Jaguar, ein Leopard oder ein Luchs – oder auch bloß so eine kleine Hauskatze wie du und ich. Neun Tage lang bleibt es blind, dann erst beginnt es zu sehen."

Daraus ersah ich, dass mein Freund Weißbart ein sehr gebildeter Kater war, und ich sagte mir: „An den musst du dich halten!"

Im Garten haben wir dann ein warmes Plätzchen gefunden, wo wir uns sonnen konnten. Mein Freund Weißbart legte sich auf den Rücken, streckte alle viere von sich und ließ ein zufriedenes Schnurren hören. Mir aber wollte es nicht in den Kopf, was für seltsame Katzen das sein sollten: der Tiger, der Löwe, der Puma und wie sie nicht alle hießen. Ich stieß Weißbart an und fragte ihn:

„Was für Katzen sind das eigentlich, von denen du vorhin gesprochen hast, der Tiger und so …?"

„Das sind Großkatzen."

„Großkatzen? Wie groß sind die denn?"

„Das ist ganz verschieden. Die größten sind fast so groß wie eine Kuh", sagte mein Freund schläfrig. Ich wusste zwar nicht, was eine Kuh war, wollte es aber nicht zugeben. Doch mein Freund merkte es mir an und fügte hinzu:

„Die größten dieser Katzen sind so groß, dass eine einzige ihrer Tatzen größer ist als du."

Darüber erschrak ich nicht schlecht. Ich überlegte, was mit mir geschehen würde, wenn ich solch einer Löwen- oder Tigermutter die Kinder schlecht-machte und sie mir rechts und links eine herunterhaute. Deshalb fragte ich meinen Freund Weißbart:

„In welchem Garten und bei was für Leuten wohnen denn diese Riesen-katzen?"

Darauf antwortete mir mein Freund: „Du brauchst keine Angst zu haben. Diese großen Katzen wohnen in Häusern, welche die Menschen eigens für sie aufgestellt und mit festen Zäunen umgeben haben. Wenn du Lust hast, können wir mal miteinander hingehen und sie uns anschauen."

„Und wo ist das?", wollte ich wissen.

„Im Zoo", antwortete mein Freund Weißbart gähnend, wandte mir den Rücken zu und schlief ein. Ich wusste nicht, was das Wort „Zoo" bedeutete und hätte ihn brennend gern danach gefragt. Aber ich traute mich nicht, ihn zu wecken. Lange dachte ich darüber nach, ob diese großen Katzen wohl auch schnurrten und was für einen Lärm das dann geben musste. Und wie sie wohl spielten? Ob sie auch auf Bäume kletterten wie wir Hauskatzen? Und wie groß mussten diese Bäume sein, um sie zu tragen!

Alle diese schwierigen Fragen beschäftigten mich so sehr, dass ich schließlich darüber einschlief. Im Traum begegnete ich einer riesigen Katze, deren Schnurrbarthaare länger waren als mein Schwanz. Sie öffnete ihr gewaltiges Maul, packte mich beim Wickel und wollte mich in ihre Höhle schleppen. Da begann ich zu schreien, bis ich davon erwachte.

Tatsächlich hielt mich jemand am Wickel! Aber dieser Jemand war mein Mensch – und er war sehr böse darüber, dass er mich beim Streunen erwischt hatte.

VÖGEL FANGEN VERBOTEN!

Heute wurde das Gras gemäht

EBEN HABE ICH ETWAS SEHR DUM-mes erlebt! Als ich im Garten umherspazierte, erblickte ich plötzlich einen ganz merkwürdigen Vogel. Er war schwarz und hatte einen gelben Schnabel. Ich wollte ihn mir aus der Nähe ansehen, schmiegte mich an die Erde und machte – ganz leise und leicht – zwei Schritte. Das Gras war gemäht, der Gelbschnabel konnte mich gut sehen und hopste gleichfalls zwei Schritte davon. Ich machte wieder zwei Schritte, er auch. So ging das eine ganze Weile, aber dann legte er den Kopf schief und piepte:

„Ich seh dich! Ich seh dich!"

Das ärgerte mich. Wie der Blitz schoss ich auf ihn zu. Aber frrr! flog er mir vor der Nase davon, auf den nächsten Baum. Dort piepte er spöttisch:

„Wo bleibst du? Wo bleibst du?"

Ich nahm mir vor, weiter durch den Garten zu spazieren, als sei nichts geschehen. Aber plötzlich stand wieder solch ein Vogel vor mir. Er sah dem ersten sehr ähnlich, nur war sein Gefieder mehr braun als schwarz; und er hatte auch keinen gelben Schnabel, sondern einen dunklen. „Geht weg hier! Geht weg hier!", schrie er in einem fort.

Wen meinte er wohl damit? Ich erstarrte völlig. Eine Vorderpfote angehoben, stand ich auf drei Beinen und blickte umher. Unterdessen schimpfte er immerfort weiter. Dann sah ich plötzlich, dass hinter ihm zwei kleine Vögelchen auf der Wiese hockten. Sie hatten dicke Pausbacken und breite, gelb eingesäumte Schnäbelchen. Und wie dumm sie guckten! Es zog mich mächtig zu ihnen hin. Der Große schimpfte ganz wild, und dann flog er auf mich los, setzte sich über mir auf einen Zweig und schrie immer weiter in den höchsten Tönen:

„Geht weg dort! Geht weg dort!"

Zwischen mir und den beiden Pausbacken war nur noch ein ganz kleines Stückchen Wiese. Irgendetwas zwang mich, immer näher an die beiden heranzuschleichen. Sie rührten sich nicht vom Fleck. Ich spürte, wie sich mir das Fell, der Schnurrbart und der Schwanz sträubten – und dann sprang ich los!

Im nächsten Augenblick hatte ich ein warmes, weiches Häuflein Federn unter meinen Vorderpfoten, das ängstlich piepste. Aber dann traf mich plötzlich ein heftiger, eiskalter Wasserstrahl am Kopf. Die piepsenden Federn schlüpften mir aus den Krallen und verschwanden. Mir rann das eiskalte Wasser in die Augen, in die Schnauze, die Ohren und über den ganzen Körper. Ich suchte erschrocken das Weite, aber das Wasser verfolgte mich.

Es traf mich so heftig, dass es mich umwarf; ich lag auf dem Rücken und wehrte mich vergebens mit allen vieren dagegen. Schließlich hörte der Gussregen auf, und über mir stand – mein Mensch. In der einen Pfote hielt er einen Gartenschlauch. Mit der anderen packte er mich am Genick und schüttelte mich, dass das Wasser nach allen Seiten spritzte.

Also er war es gewesen, der mir den eiskalten Guss verpasst hatte! Absichtlich! Um mich um meine Beute zu bringen!

Mein Mensch war sehr böse auf mich. Ich musste sofort ins Haus.

Aber ich bin mir keiner Schuld bewusst. Weshalb gibt es solche Vögelchen, die einen dumm angucken und bloß darauf warten, dass man sich auf sie stürzt? Schade, dass mein Mensch mir den Spaß verdorben hat! Warum musste er mich gerade im entscheidenden Augenblick vollspritzen?

Offenbar hat er sich über mich geärgert.

Na, wenn schon! Ich ärgere mich auch über ihn. Und langsam verstehe ich überhaupt nichts mehr.

NIE WIEDER JAGE ICH EICHHÖRNCHEN

Heute trocknet das Heu auf den Wiesen

MAN LERNT DOCH WIRKLICH NIEMALS aus! Heute Nachmittag sonnte ich mich im Garten und war gerade ein bisschen eingenickt, als mich plötzlich etwas am Kopf stupste. Kurz darauf fiel mir ein Stückchen Holz auf den Rücken, und dann plumpste genau neben mir ein Zweiglein herunter. So ging das eine ganze Weile weiter. Ich fragte mich, was das wohl sein könnte, und sah über mir auf dem Baum ein Eichhörnchen sitzen. Es nagte gerade ein Zweiglein ab, das es hinterher auf mich herabwarf. Dann barg es das Gesicht in den Vorderpfötchen und kicherte.

„Du kannst mich gernhaben!", sagte ich mir und wollte weiterschlafen. Aber dem Eichhörnchen passte das nicht. Es kletterte vom Baum herab und begann im Kreis um mich herumzuhüpfen. Es kam immer näher. Dabei setzte es sich von Zeit zu Zeit nieder und fasste sich mit beiden Vorderpfötchen an die Schnauze. „Wetten, dass du mich nicht bekommst?", neckte es mich. Aber ich tat nicht dergleichen. Als es dann jedoch über mich hinwegsprang,

wurde mir die Geschichte zu bunt. Ich schnellte empor und setzte ihm nach. Das Eichhörnchen sauste auf den nächsten Baum. „Mit dir ist es aus!", schrie ich zornig. „Das kann ich auch!"

Das Eichhörnchen kletterte bis ganz hinauf in den höchsten Wipfel. Ich hinterher. Es flüchtete auf einen dünnen Ast. Ich hinterher. Es flüchtete auf einen noch dünneren Ast, und Ich – Ich bekam es plötzlich mit der Angst.

Nun hüpfte das Eichhörnchen vor meiner Nase auf einen anderen Baum hinüber. Dort setzte es sich nieder, faltete die Pfötchen vor der Schnauze und rief: „Hihihihi, du bekommst mich nicht!"

Das hatte ich inzwischen auch schon gemerkt. Aber wie jetzt hinunter? Ich hatte eine Heidenangst, dass ich abstürzen könnte. Also begann ich wieder einmal um Hilfe zu rufen; und es war mir völlig einerlei, ob das Eichhörnchen mich dabei auslachte oder nicht. Ich jammerte und schrie wie am Spieß, bis mein Mensch herbeigelaufen kam. Sofort kletterte er auch auf den Baum, um mir herabzuhelfen. Aber als er schon ganz in meiner Nähe war und mich mit seinen Vorderpfoten fast erreichen konnte, knackte der Zweig unter uns weg – und wir stürzten beide in die Tiefe!

Ich landete nach Katzenart auf allen vieren, er nach Menschenart auf dem Rücken. Da lag er nun auf der Wiese und rührte sich nicht. Ich setzte mich ihm auf die Brust, kitzelte ihn mit dem Schnurrbart im Gesicht und schnurrte ihm auf das allerzärtlichste ins Ohr. Aber er rührte sich nicht im Mindesten, und ich sah, dass es schlimm stand.

Nach einer Weile kam solch ein kleineres Ungeheuer vorgefahren, das Augen hatte, die vorn weiß leuchteten und hinten rot. Daraus eilten zwei völlig weiß gekleidete Männer hervor. Sie jagten mich davon, legten meinen Menschen auf eine Tragbahre, schafften ihn in den Bauch des Ungeheuers – und „tatü-tata!", waren sie alle miteinander verschwunden.

Als es schon völlig dunkel war, brachten sie meinen Menschen wieder angeschleppt und legten ihn in sein Körbchen, das die Menschen „Bett" nennen. Er hatte einen ganz weißen Kopf bekommen, und eine seiner Pfoten war ebenfalls weiß geworden. Außerdem war sie so schwer und hart, dass er mich damit überhaupt nicht streicheln konnte.

Ich setzte mich an sein Körbchen und stimmte ein trauriges Lied an, weil es meinem Menschen nicht gut ging. Und weshalb ging es ihm nicht gut? Weil er mir zu Hilfe gekommen und dabei vom Baum gefallen war. Ich allein hatte das alles verschuldet. Und nun saß ich da, und niemand streichelte mich. Und es war mir sehr schwer ums Herz.

Nach einer kleinen Ewigkeit rief mich der Mensch endlich doch in sein Körbchen. Ich legte ihm den Kopf auf die schwere weiße Pfote und begann kläglich zu miauen. Er streichelte mich mit der anderen Pfote und brummte: „Lass gut sein, mein Lieber! Du wirst sehen, ich werde bald wieder gesund."

Dann schlief er ein, und ich legte das feierliche Gelübde ab, nie mehr Eichhörnchen zu jagen.

DAS BLASSBLAUE DING

Heute wurde das Heu zusammengerecht

MEIN FREUND WEISSBART IST WIRKlich ein außerordentlich gescheiter Kopf. Er hat mir beispielsweise erklärt: „Du musst wissen, dass diese Ungeheuer, die durch die Straßen sausen und Leute verschlingen, gar keine Ungeheuer sind. Das sind Omnibusse, die von den Menschen eigens zu dem Zweck gebaut werden, dass sie darin herumfahren können. Das weiß ich also von meinem Freund Weißbart. Überdies habe ich ganz allein herausgefunden, dass es auch junge Omnibusse gibt, die bedeutend kleiner und flinker sind als die alten. Von dieser Sorte sausen viele in unseren Straßen umher. Sie fahren sehr schnell, weil sie noch jung und unvernünftig sind. Wenn sie heranwachsen, werden sie dann bedächtiger und fahren ein wenig langsamer. Das ist bei ihnen genauso wie bei den Katzen und den Menschen.

Eines schönen Tages kam solch ein jüngerer Omnibus bei unserem Haus vorgefahren. Er war von blassblauer Farbe und glänzte in der Sonne. Vor dem Haus blieb er stehen und schnurrte noch eine Weile vor sich hin. Dann schluckte er ein paar Mal und verstummte. Gleich darauf riss er das Maul auf, und – man stelle sich das vor! – aus seinem Inneren schlüpfte mein Mensch heraus. Na, ich war völlig überrumpelt.

Rasch bin ich zu ihm hingelaufen, um guten Tag zu sagen, aber er hat mich überhaupt nicht beachtet. Dafür streichelte er dem kleinen blassblauen Ungeheuer die Schnauze.

Von nun an geschahen mit meinem Menschen allerlei seltsame Dinge. Ich erkannte ihn gar nicht wieder. Immerzu trieb er sich in der Nähe dieses blassblauen Geschöpfes herum. Er umkreiste es beispielsweise auf allen vieren. Das hat er auch mit mir getan, als ich noch klein war. Bloß – ich habe mit ihm gespielt! Aber dieses blassblaue Ding beachtete ihn überhaupt nicht. Stellt euch vor, einmal kroch er sogar darunter, bis schließlich nur noch die Enden seiner Hinterpfoten zu sehen waren. Aber dieses merkwürdige Ding rührte sich auch jetzt noch nicht. Erst als mein Mensch wieder in seinen Bauch stieg, jaulte es zufrieden auf und schüttelte sich. Dann sauste es unter lautem Geratter mit ihm davon.

Als die beiden wieder zurückkamen, lief ich meinem Menschen wie immer entgegen. Ich rechnete damit, er werde mich wie üblich in die Vorderpfoten nehmen und tätscheln. Aber er streichelte mich bloß ganz flüchtig, es war kaum der Rede wert. Und schon rannte er wieder um dieses widerliche blassblaue Ding herum! Er streichelte es so lange, bis es zu glänzen anfing wie eine Speckschwarte. Doch selbst jetzt tat es keinen Mucks, und das fand ich ausgesprochen undankbar. Es hätte wenigstens ein bisschen schnurren dürfen.

Manchmal wusch mein Mensch das blassblaue Ding sogar ab, er badete es. Aber mich hat er seither nie mehr gebadet. Er sah mich gar nicht mehr richtig an, ich war Luft für ihn. Einmal stieß er sogar mit dem Fuß nach mir und rief zornig: „Verschwinde!"

Da wurde ich auf das blassblaue Ding entsetzlich eifersüchtig und nahm mir vor: „Von dir Scheusal lasse ich mir meinen Menschen nicht mehr entführen!"

Als die beiden wieder einmal davonfahren wollten, setzte ich mich ku-

chenbreit vor ihnen auf die Straße. Mein Mensch schrie mich an: „Verschwinde, Schnurr! Aus dem Weg da, mach Platz!" Aber ich rührte mich nicht vom Fleck. Da musste mein Mensch eigens wegen mir noch einmal aussteigen. Er packte mich am Fell und trug mich ins Haus. In der Tür gab er mir zum Abschied noch ein paar hinten drauf. Na, da habe ich aber geschimpft! Doch dann hab ich mir gesagt:

„Jetzt reicht mir's aber! Da hilft alles Schimpfen nicht mehr, ich laufe weg!"

Und so bin ich ausgerissen. Durchs Fenster und durch die Nachbargärten, schnurstracks zu meinem Freund, dem Kater Weißbart. Bei ihm habe ich mich bitterlich über meinen Menschen beklagt. „Kannst du mich nicht bei dir behalten?", bat ich ihn heulend. „Bei meinem Zweibeiner halte ich's nicht mehr aus, ich will nie mehr zu ihm zurückkehren!"

Mein Freund Weißbart strich sich den weißen Schnurrbart und wackelte mit den Ohren. Dann umkreiste er mich ein paar Mal, wobei er sich mit dem Schwanz auf den Rücken schlug. Schließlich setzte er sich auf die Hinterpfoten, kratzte sich am Kinn und sagte mit ernstem Blick:

„Der Tag wird kommen, an dem du sehr gerne wieder zu ihm zurückkehrst!"

Aber ich entgegnete: „Niemals wird das geschehen! Diesem Menschen soll ordentlich nach mir bange werden. Er soll Augen machen, wenn ich dann vielleicht doch eines Tages zurückkomme."

Kater Weißbart leckte sich die Pfote, strich sich den Schnurrbart und sagte: „Du siehst wie ein regelrechter Kater aus, aber du hast den Verstand eines neugeborenen Kätzchens."

Trotzdem durfte ich bei ihm bleiben.

„Zuerst wollen wir ein bisschen schlafen", schlug er mir vor. „Und später, wenn es ganz finster ist, gehen wir zu der Gelben Mieze. Sie leitet neuerdings jede Nacht auf dem Dach des Nachbarhauses einen Gesangsverein.

Dort kannst du mal deine Stimme erproben, Schnurr. Dann wird es sich zeigen, ob du nicht nur schreien, sondern auch singen kannst."

Ich war von dem Vorschlag derart begeistert, dass ich meinen Menschen vollkommen vergaß. Gern hätte ich noch einiges Nähere über den Katzenchor erfahren; aber Freund Weißbart entgegnete:

„Wenn wir heut Nacht gut bei Stimme sein wollen, müssen wir uns jetzt unbedingt ausschlafen."

So bin ich also zu ihm ins Körbchen geschlüpft.

Weißbart schlief auf der Stelle ein. Aber ich – ich konnte und konnte vor lauter Aufregung lange Zeit keinen Schlaf finden.

„Will es denn gar nicht Nacht werden?", dachte ich voller Ungeduld.

KATZEN-MUSIK

Heute haben wir zunehmenden Mond

ALS WEISSBART MICH WECKTE, WAR es bereits stockdunkel. Die Menschen konnten bei dieser Finsternis nichts mehr sehen. Aber wir mit unseren scharfen Katzenaugen sahen alles, was nötig war.

Nachdem wir uns gründlich gedehnt und gereckt hatten, führte mich mein Freund Weißbart auf einen Baum, aus dessen Geäst wir auf eine hohe Mauer sprangen. Auf dieser Mauer liefen wir ein Stück entlang. Wir mussten über zwei Schuppen klettern. Es ging auf einem Holzzaun dahin, dann kam wieder eine hohe Mauer, und schließlich stiegen wir abermals auf ein Dach, diesmal ganz hoch hinauf.

Die Nacht war so finster, dass es eine einzige Pracht war. Hoch droben am Himmel glänzte und leuchtete eine weiße Milchschüssel, von deren Rand ein großes Stück abgebrochen war. Ich musste bei diesem Anblick an meine eigene Milchschüssel denken, die auch einen Rand hatte, von dem ein Stück fehlte, seit ich sie einmal vom Tisch gestoßen hatte.

Aber mein Freund Weißbart lachte mich aus und sagte:

„Das ist keine Milchschüssel, sondern der Mond. Er nimmt jede Nacht ein Stück zu. Nächste Woche wird er ganz rund und voll sein. Zum Vollmondfest bereiten wir eine große Katzenmusik vor."

Wie seltsam war es doch eingerichtet auf dieser Welt! Es wollte mir nicht in den Kopf, weshalb meine zerbrochene Milchschüssel nicht auch mit der Zeit wieder rund und voll wurde. Aber mein Freund Weißbart blickte mich bloß verächtlich an und drängte:

„Komm, sie versammeln sich bereits hinterm Schornstein!"

Dann schärfte er mir noch ein: „Du weißt ja hoffentlich, wie du dich zu benehmen hast. Falls du dort mit irgendeinem Bekannten zusammentriffst, dann reibe dich höflich an ihm, ohne dabei ein Wort zu sprechen. Aber vor dem kohlschwarzen Raubauz musst du dich in Acht nehmen, das ist ein alter Raufbold. Wenn du nicht aufpasst, wirft er dich vom Dach. Ihm gegenüber verhältst du dich am besten so, als sei er dir völlig unbekannt. Stell dich fest auf alle viere, strecke den Schwanz steil in die Höhe, sträube das Fell und den Schnurrbart und fauche ihn so grimmig wie möglich an. Auf die gleiche Art begrüßt man auch alle anderen Kater, die man nicht kennt."

„Was mich betrifft", erwiderte ich, „so kenne ich außer dir bloß die Gelbe Mieze und freue mich sehr auf das Wiedersehen mit ihr."

Aber er warnte mich: „Der Gelben Mieze solltest du am Anfang lieber nicht zu nahe kommen. Seit sie unseren Gesangverein leitet, ist sie eine Respektsperson. Erst wenn sie dich loben sollte, darfst du in ihre Nähe rücken, das ist nun mal so der Brauch. Sonst leitet den nächtlichen Gesangverein für gewöhnlich ein Kater, und alle Katzendamen der Nachbarschaft sitzen im Kreis um ihn herum. Aber hier bei uns ist das genau umgekehrt, weil es in unserer Gegend außer uns vielen Katern bloß eine einzige Katze gibt, und das ist die Gelbe Mieze. Jetzt aber los, es wird höchste Zeit!"

Hinter jenem warmen, schwarzen Ding, das aus dem Dach hervorschaute und von meinem Freund Weißbart als „Schornstein" bezeichnet wurde, waren schon einige Kater versammelt. Als Ersten erkannte ich den kohlschwarzen Raubauz mit seinem dicken Kopf. Ich begrüßte ihn so grimmig

ich konnte, und ich hoffte sehr, dass es Eindruck auf ihn gemacht hat. Auch der zerzauste Schmuddler war da, ein zaundürrer, ziemlich ungepflegter Herumtreiber mit einem ständig verheulten Gesicht. Ich fauchte ihn sehr höflich an, doch er erschrak darüber gewaltig und lief davon. Deutlich war in der Dunkelheit ein weißer Kater mit langem Haar zu erkennen, der ständig an sich herumputzte. Selbst als ich ihn begrüßte, hörte er nicht damit auf.

Mein Freund Weißbart raunte mir ins Ohr: „Das ist der Angora-Mucki, ein großer Stutzer und aufgeblasener Dummkopf. Er hat schon mal in einem Film mitgespielt." Ich wusste zwar nicht, was das war: in einem Film mitgespielt haben; aber auf jeden Fall war mir der Mucki vom ersten Augenblick an widerlich.

Endlich erschien auch die Gelbe Mieze. Sie setzte sich auf den Dachfirst, und wir bildeten einen Kreis um sie herum. Dann fing sie an, sehr lang gezogen und hoch zu singen. Wir fielen in ihren Gesang ein, jeder wie er Lust hatte. Die Gelbe Mieze hörte sich das eine Weile an, dann ließ sie uns der Reihe nach vorsingen.

Den Anfang machte mein Freund Weißbart. Er sang von uns allen am kräftigsten, und die Gelbe Mieze nickte zufrieden mit dem Kopf. Dann kam ich an die Reihe. Nachdem sie mir eine Zeit lang zugehört hatte, sagte die Gelbe Mieze:

„Um drei Schnurrbarthaare tiefer – und etwas kräftiger!"

Ich sang so laut, dass ich die Augen schließen musste.

„Gut so!", sagte die Gelbe Mieze, und ich fühlte mich außerordentlich geschmeichelt.

Weniger gut schnitt der arme Schmuddler ab, der so entsetzlich falsch sang, dass er von der Gelben Mieze ein paar hinter die Ohren bekam.

Der Angora-Mucki leckte während der ganzen Vorsingerei an sich herum. Erst als er selbst an die Reihe kam, setzte er sich in Positur. Dann hob er den Kopf, damit man seine schneeweiße Kehle bewundern konnte, und – jaulte so erbärmlich los, dass mir die Ohren schmerzten. Der kohlschwarze Raubauz stieß ihn weg und sang mit mächtiger tiefer Stimme weiter. Die Gelbe Mieze schien von seinem Gesang völlig hingerissen zu sein und lobte ihn in den höchsten Tönen.

Danach setzten wir alle zugleich im Chor ein. Das klang überaus laut und schön. Wir waren so gründlich in unser Konzert vertieft, dass wir gar nicht merkten, wie im Haus gegenüber ein Fenster geöffnet wurde. Plötzlich kam ein Besen durch die Luft geflogen – und pardauz! landete er mitten unter uns.

Der Angora-Mucki rollte vor Schreck vom Dach, und wir anderen liefen kreischend auseinander. Nur der kohlschwarze Raubauz und die Gelbe Mieze blieben auf dem Dach zurück. Sie saßen Schnauze an Schnauze und ließen sich in ihrem Gesang nicht stören.

Ich versteckte mich mit meinem Freund Weißbart hinter einem Zaun und schämte mich, weil ich ausgerissen war. Wie beneidete ich den kohlschwarzen Raubauz darum, dass er bei der Gelben Mieze ausgehalten hatte! Vielleicht war er gar kein Raufbold, sondern ein wirklicher Held.

Dafür durfte er nun mit der Gelben Mieze allein auf dem Dachfirst sitzen und zweistimmig mit ihr singen. Und es griff mir ans Herz, als ich sah, wie Raubauz der Gelben Mieze den Kopf auf die Schulter legte und ihr lange und leise etwas ins Ohr miaute.

„Die Menschen sind ungebildet, sie verstehen nichts von Musik", knurrte mein Freund Weißbart. „Komm, lass uns schlafen gehen."

Also gingen wir eben schlafen. Ich hatte große Sehnsucht nach der Gelben Mieze. Aber noch mehr Sehnsucht hatte ich plötzlich nach meinem Menschen.

Deshalb beschloss ich, am nächsten Morgen zu ihm zurückzukehren.

ES GEHT AUF REISEN

Am Tag nach dem Katzenkonzert

ES WAR NOCH DUNKEL, ALS ICH VON meinem Freund Weißbart Abschied nahm, um nach Hause zu laufen. Ich kletterte durch eines der Fenster in die Höhle meines Menschen, und als ich ihn wieder sah, wäre ich vor Freude am liebsten schnurstracks zu ihm ins Körbchen gesprungen. Ich war aber ganz feucht vom Tau, deshalb hielt ich es für geraten, mich erst einmal gründlich trocken zu lecken. Dann erst schlich ich auf leisen Pfoten zu ihm und setzte mich neben sein Gesicht.

In diesem Augenblick spürte ich deutlich, dass ich ihn mächtig lieb hatte.

Ich begann ihm ins Ohr zu schnurren, aber er schnurrte selbst sehr viel lauter als ich und hörte mich nicht. Ich kitzelte ihn mit dem Schwanz unter der Nase; er kratzte sich und schlief weiter. Ich kitzelte ihn von Neuem; er gähnte und wälzte sich auf die andere Seite. Das war ein großer Spaß. Ich kitzelte ihn noch einmal; er rümpfte die Nase, brummte etwas vor sich hin und zog sich die Decke über den Kopf. Nun hielt ich es nicht mehr länger aus.

49

Ich kroch einfach zu ihm hinein und schmiegte mich dicht an seine Schulter. Seine großen warmen Pfoten tappten nach mir. Er streichelte mich so zärtlich, wie er mich schon lange nicht gestreichelt hatte, und sagte immerzu: „Na, du Landstreicher? Du mein kleiner Strolch, mein Zigeunerchen …" Das war wunderschön.

Mein Zweibeiner hat neben seinem Bett auf dem Nachttisch ein rundes Ding stehen, das ständig tickt und von Zeit zu Zeit in ein ohrenbetäubendes Gerassel ausbricht. Als es Tag wurde, begann es plötzlich wieder loszurasseln, und mein Mensch bat mich, es abzustellen. Ich sprang auf den Nachttisch und patschte mit der Pfote auf das Rasselding. Da machte es „Krrrks!" und war still.

Mein Mensch stieg nun aus dem Bett, und wir begannen uns zu dehnen und zu strecken. Zuerst stellte ich alle viere eng zusammen und machte einen Buckel. Dann spreizte ich die Vorderpfoten weit nach vorn und bog den Bauch bis zum Fußboden durch. Mein Zweibeiner reckte seine Vorder-

pfoten hinter den Kopf und über den Kopf; dabei ächzte und stöhnte er, dass es eine wahre Lust war. Dann wuschen wir uns, jeder auf seine Weise, und gingen zum Frühstück. Dabei machten wir halbe-halbe, genau wie in alten Zeiten. Er ein Stückchen, ich ein Stückchen. Er trank aus seiner Tasse, ich schlabberte aus meinem Schüsselchen.

Nach dem Frühstück beschloss ich, meinem Menschen nie mehr von der Seite zu weichen. Er begann dahin und dorthin zu laufen wie an jedem Morgen. Ich hinterdrein. Er lief in den Garten hinaus, ich folgte ihm. Er verließ den Garten, ich verließ ihn mit ihm. Draußen wartete schon wieder der blassblaue junge Omnibus und öffnete sein Maul. Mein Mensch duckte sich ein wenig und kroch hinein. Ich hinterdrein. Als wir drin waren, versteckte ich mich im dunkelsten Winkel, denn ich wollte nicht wieder am Wickel gepackt und nach Hause befördert werden. Gespannt wartete ich, was nun weiter geschehen würde. Das blassblaue Ding begann zu rattern, und dann machte es: „Tatü!" Selbst in meinem dunklen Winkel merkte ich, dass es mit uns davonsauste. Ich ließ es eine Weile sausen, dann kam ich hervorgekrochen und sah mich ein wenig um.

Hu, wie entsetzlich! Alles kam auf uns zugerast: Bäume und Häuser, Zäune und Menschen! Alles, was sich vor uns befand, kam auf uns zugestürzt; und wenn es ganz nahe herangekommen war, sauste es mit Windeseile an uns vorbei und blieb hinter uns zurück. Vor lauter Schreck begann ich aus Leibeskräften zu schreien.

Mein Mensch wandte sich um. „Was ist los, mein Lieber, du hast doch nicht etwa Angst?" Von nun an begannen die Häuser und Bäume langsamer und immer langsamer auf uns zuzukommen, bis sie schließlich ganz anhielten. Bloß das blassblaue Ding rumpelte und grunzte ungeduldig und schüttelte sich. Aber mein Mensch beachtete es nicht. Er nahm mich auf den Schoß und streichelte mich so lange, bis ich mich wieder beruhigt hatte.

Als dies geschehen war, machte das blassblaue Ding abermals „Tatü", und nun kamen die Häuser und Bäume von Neuem auf uns zugerannt. Mein Mensch hatte mich auf den Platz neben sich gesetzt, aber sonst beachtete er mich überhaupt nicht mehr. Er blickte bloß ständig geradeaus. Als ich zu murren anfing, streichelte er mich nur ganz flüchtig, ohne mich eines Blickes zu würdigen. Stattdessen schaute er unverwandt zu, wie die ganze Welt gegen uns anrannte.

Mit der Zeit verdross mich das Hinausschauen so sehr, dass ich einschlief. Als ich erwachte, war es schon ganz dunkel ringsum und völlig still. Ich hatte keine Ahnung, wo wir uns befanden. Hätte mich nicht mein Mensch in den Vorderpfoten getragen, dann hätte ich gewiss wieder schreckliche Angst bekommen.

In der Dunkelheit stand eine kleine Hütte, und wir gingen hinein. Wir – damit meine ich meinen Menschen und mich. Das blassblaue Ding musste nämlich draußen warten. Es starrte die Hütte mit seinen weiß glühenden Augen an, ohne auch nur einen Augenblick wegzugucken. Später ging mein Zweibeiner noch einmal zu ihm hinaus; wahrscheinlich hat er ihm klargemacht, dass es draußen schlafen müsse, weil wir in der Hütte keinen Platz hatten. Das blassblaue Ding sagte keinen Ton dazu. Es schloss wortlos die Augen und schlief auf der Stelle ein. Wir beiden anderen haben uns dann in der Hütte ein Lager gemacht und sind ebenfalls schlafen gegangen.

NÄCHT-LICHER AUSFLUG

Am Morgen nach dem Vollmond

MEIN MENSCH WAR NACH WENIGEN Augenblicken eingeschlafen. Ich aber hatte keine Lust zu schlafen, denn ich hatte mich auf der Fahrt zur Genüge ausgeruht. In letzter Zeit schlafe ich überhaupt lieber bei Tage als in der Nacht. Mein Freund Weißbart meint, das ergehe jedem Kater so, wenn er älter werde. Mein Zweibeiner schlief also friedlich in seinem Körbchen, mich aber lockte die Finsternis ins Freie hinaus.

Da mein Mensch und ich immer bei offenem Fenster schlafen, fiel es mir nicht schwer, die Hütte zu verlassen. Draußen war es angenehm kühl, und die Wiese war feucht vom Tau. Hoch über mir funkelten und blitzten unzählige kleine Lichter. Sie leuchteten bei Weitem schwächer als die Laterne vor dem Haus, wo wir bisher gewohnt hatten. Und mitten unter ihnen strahlte jene weiße Milchschüssel, die man den Mond nennt. Der Mond hatte in der Zwischenzeit tatsächlich zugenommen, er war jetzt schön rund und voll.

Außerdem sah ich noch viele andere Lichtlein, die nicht hoch oben am Himmel hingen, sondern um mich herumschwirrten. Sie flatterten dahin und dorthin, erloschen für eine Weile und leuchteten dann von Neuem auf. Als es mir gelang, eines von ihnen mit der Pfote ins Gras zu werfen, merkte ich zu meiner grenzenlosen Überraschung, dass ich einen kleinen Käfer mit leuchtendem Hinterteil vor mir hatte. Einige dieser Leuchtkäferchen flogen nicht umher, sie saßen bloß in der Wiese und glühten still vor sich hin.

Plötzlich hörte ich unweit von mir in der Dunkelheit etwas schmatzen. Jeden Augenblick machte es „patsch" und wieder „patsch".

„Das musst du dir ansehen!", sagte ich mir und folgte dem merkwürdigen Geräusch.

Zuerst ging es eine Weile durch hohes Gras. Dann hörte das Gras mit einem Mal auf, und was entdeckte ich? – einen zweiten Mond! Er leuchtete mit dem gleichen Silberschein wie der erste, nur mit dem Unterschied, dass sich dieser zweite Mond nicht hoch droben am Himmel befand: Er leuchtete wenige Schritte vor mir in der dunklen Wiese!

Ich sagte mir: „Vielleicht sieht er nicht nur so aus wie eine Milchschüssel – womöglich ist er tatsächlich eine!"

Ich rannte also hin, um der Sache auf den Grund zu gehen. Ein Satz, ein zweiter Satz, und patsch und patsch – plötzlich lag ich im kalten Wasser! Na, ich danke, das war eine Überraschung! Das Wasser schlug über mir zusammen. Ich wollte um Hilfe rufen, bekam aber nur die Schnauze voll Wasser.

„Jetzt ist es aus mit mir!", dachte ich und habe verzweifelt um mich gestrampelt. Aber es gelang mir nicht, festen Boden unter die Füße zu bekommen. Doch plötzlich tauchte ich mit der Schnauze aus dem Wasser auf, und nun merkte ich: Wenn man im Wasser mit allen vieren um sich strampelt, trägt es einen! Dieser Entdeckung verdanke ich mein Leben. Ich strampel-

te also tüchtig weiter, reckte den Kopf aus dem Wasser und steuerte dem rettenden Ufer zu.

Als ich endlich wieder an Land steigen konnte, hörte ich, wie mich ein ganzer Chor von quakenden Stimmen auslachte:

„Brekekek, der Kater ist in den Teich gefallen! Brekekekek! Er hat wohl ein Bad genommen, der Kater? Brekekekek!"

So quakte es von allen Seiten auf mich ein, und das hat mich so sehr geärgert, dass ich den Stimmen nachrannte. Aber immer wenn ich drauf und dran war, einen dieser blöden Quaker zu fangen, machte es knapp vor meiner Nase hops, und der Kerl verschwand mit einem Riesensprung im Wasser.

„Euch treibe ich alle miteinander in den Teich, dort könnt ihr von mir aus ersaufen!", fauchte ich zornig. „Dann wird euch das blöde Gequake schon vergehen!"

Auf dem mondhellen Wasser zeigten sich die Glotzaugen der quakenden Spötter, und ihre breiten Mäuler lachten mich von Neuem aus:

Brekekekek, brekekekek, gebadeter Kater! Komm doch ins Wasser und fange uns, wenn du kannst! Brekekekek, nasser Kater, wir Frösche sind hundertmal schneller als du!"

Es wurde mir kalt, und ich schämte mich. Da gab ich mir einen Ruck und kehrte in unsere Hütte zurück. Dort schüttelte ich mir das Wasser aus dem Fell und begann, mich trocken zu lecken.

Damit hatte ich bis zum Morgengrauen zu tun.

Als mein Mensch dann erwachte, durfte ich für ein Weilchen zu ihm ins Bett.

„Nanu!", sagte er verwundert, als er merkte, wie feucht ich war.

Wie hätte der erst gestaunt, wenn er gewusst hätte, was für ein guter Schwimmer ich bin!

LÖFFELOHR

Heute hat es heftig geregnet

HEUTE FÜHLTE ICH MICH DEN GAN-zen Tag nicht recht wohl. Nach langer Zeit wollte mein Mensch wieder einmal mit mir spielen, aber ich hatte keine Lust dazu. Ich bin den ganzen Tag bloß verdrossen um unsere Hütte gestrichen, und nichts behagte mir. Selbst schlafen mochte ich nicht. Und Bauchweh hatte ich obendrein.

Gegen Abend sagte ich mir: „So geht das nicht weiter, du musst etwas dagegen unternehmen!"

Ich lief bis ans Ende der Wiese, wo die vielen Bäume stehen. Sie stehen so dicht beisammen, dass es unter ihnen ganz dunkel ist. Bei diesen Bäumen wächst schönes hartes Gras. Hartes Gras ist für uns Katzen bekanntlich die beste Medizin. Ich suchte mir ein paar besonders zähe Halme aus und rupfte sie mit den Zähnen ab.

Plötzlich hörte ich hinter mir ein Geräusch: Hopp, hopp, hopp. Ich blickte mich um – und was sehe ich? Da steht, auf den Hinterpfoten, die Vorder-pfoten halb angewinkelt, irgend so ein merkwürdiges Tier vor mir. Es hatte

lange, hoch aufgerichtete Ohren und große Kulleraugen. Seine Schnauze war ständig in Bewegung. Es blickte mich an, ließ für einen Augenblick seine langen Zähne sehen und sagte:

„He, was tust du hier mit meinem Gras? Das gehört mir!"

„Hast du etwa auch Bauchweh?", fragte ich.

„Wieso Bauchweh?", fragte das fremde Tier und wackelte mit den langen Ohren. „Ich habe bloß Hunger, und von diesem Gras fresse ich jeden Abend zum Abendbrot. Kurz und gut: Ich weide hier, und deshalb kannst du nicht einfach kommen und auch hier weiden."

Ich versuchte ihm klar zu machen, dass ich keine Absicht hatte, hier zu weiden, sondern dass ich bloß mein Bauchweh kurieren wollte.

Das Tier mit den langen Ohren ließ sich auf alle viere fallen, legte die Ohren nach hinten, kam näher herangehoppelt, rupfte ein Grashälmchen ab und sagte dann:

„Merkwürdig, was für Arzneien du bevorzugst! Wozu gibt es denn Löwenzahn? Der Löwenzahn hat eine ausgezeichnet bittere Milch, die ist eine reine
Wohltat für jeden, der Bauchweh hat."

„Die beste Arznei für uns Katzen ist aber hartes Gras", entgegnete ich.
„Das ist ein vortreffliches Mittel, um den Bauch von innen zu reinigen."

Dann unterhielten wir uns eingehend über unsere Lieblingsspeisen. Es
wollte mir nicht in den Sinn, wie jemand zum Abendbrot einfach ein Stück
Wiese abweiden konnte. Aber als ich dem Langohr erzählte, dass ich am
liebsten Fleisch fresse und dazu Milch trinke, die mein Mensch mir ins Schüsselchen gießt, machte er ein bedenkliches Gesicht. Er setzte sich auf die
Hinterpfoten, richtete die Ohren auf und begann aufgeregt mit der Nase
zu schnuppern.

„Ach so!", rief er. „Du bevorzugst Fleisch! Und außerdem bist du mit einem
Menschen befreundet! Dann werd ich dir mal was sagen. Ich bin das Kanin-

chen Löffelohr, und hier auf meiner Wiese lässt du dich besser nicht mehr blicken! Mit dir will ich nichts zu tun haben, dies Gras gehört mir!"

„Ich werd dir dein Gras schon nicht wegfressen!", sagte ich. „Komm, lass uns noch ein wenig miteinander plaudern!"

Aber Löffelohr wollte nichts davon wissen. „Mit Leuten, die Fleisch fressen und mit Menschen befreundet sind, möchte ich nichts zu tun haben!", rief er eigensinnig.

Damit kehrte er mir den Rücken und hoppelte auf die Bäume zu. Ich wollte ihm nachlaufen und ihn zum Bleiben bewegen; doch Löffelohr wandte sich um und drohte mir:

„He, du Kater, warum verfolgst du mich? Ich kann Leute, die Fleisch fressen, nun mal nicht ausstehen! Wie oft muss ich dir das noch sagen? Bleib, wo du bist – oder ich geb dir mit meinen Hinterpfoten ein paar auf die Nase!"

Ich fand es sehr traurig, dass Löffelohr nichts mit mir zu tun haben wollte. „Magst du nicht wenigstens mit mir sprechen?", fragte ich ihn. Daraufhin streckte er den Kopf hinter einem der Bäume hervor und entgegnete:

„Meine Mutter hat es mir verboten."

„Auch von Weitem nicht?"

„Auch von Weitem nicht!"

Damit lief er davon. Ein paar Mal sah ich sein weißes Schwänzchen noch zwischen den Bäumen aufleuchten, dann war er endgültig verschwunden. Ich kehrte zu unserer Hütte zurück und musste noch lange über diese Begegnung nachdenken. Wie seltsam ist es doch auf Erden eingerichtet! Der eine hat eine Vorliebe für Gras und der andere für Fleisch – und deshalb können sie keine Freunde sein!

WALDI UND SEIN HERR

Heute gab es viele Pusteblumen

KÜRZLICH GING ICH MIT MEINEM Menschen spazieren. Auf einmal trat aus den Bäumen am Ende der Wiese ein anderer Mensch hervor. Er war grün gekleidet, trug einen seltsamen hohlen Stecken auf der Schulter und hatte einen rostroten Bart. Ihm folgte ein Hund, der ebenfalls einen rostroten Schnauzbart hatte.

Als der Hund mich erblickte, kam er gleich auf mich losgerannt, und ich machte vorsichtshalber einen Buckel. Aber der Hund schaute mich freundlich an und sagte:

„Ich bin Waldi, der Jagdhund. Und wer bist du?"

„Ich bin Kater Schnurr mit den blauen Augen", antwortete ich und fauchte ihn zur Sicherheit grimmig an. Aber Waldi schüttelte seinen Schnauzbart und entgegnete:

„Was denn, was denn, was denn! Mein Herr faucht deinen ja auch nicht an. Benehmen wir uns doch lieber anständig!"

Ich wusste nicht, was ein Herr ist, denn ich habe keinen. Ich habe bloß einen Menschen. Waldi hingegen hatte keinen Menschen, sondern einen Herrn.

„Und zwar ist er deshalb mein Herr, weil er mir Befehle erteilt", sagte er stolz und fügte noch hinzu: „Du musst wissen, dass ich immer nur das mache, was mein Herr mir befiehlt."

Darüber habe ich mich nicht schlecht gewundert, denn ich für meine Person gehorche den Befehlen meines Menschen niemals. Deshalb gibt er mir in der Regel auch gar keine. Ich tue, was ich mag – und mein Zweibeiner tut auch, was er mag. Manchmal stelle ich etwas an, was ihn ärgert. Dann bekomme ich eine Kopfnuss dafür, und alles ist wieder in Ordnung.

„Wie ist das, wenn man eine Kopfnuss bekommt?", wollte Waldi wissen. „Ich habe nämlich von meinem Herrn noch nie eine bekommen, weil ich ein braver Hund bin und ihm immer aufs Wort gehorche."

Ich sollte gleich sehen, dass er wirklich ein Muster an Gehorsam war. Auf einmal sagte sein Herr nämlich:

„Waldi, Achtung!"

Waldi setzte sich kerzengerade auf, und der Mann mit dem Schnauzbart befahl ihm:

„Waldi, gib dem Herrn da die Pfote!"

Waldi gehorchte und gab meinem Zweibeiner brav die Pfote. Dann nahm sein Mensch – oder vielmehr sein Herr – ein Stück Holz, warf es in hohem Bogen in den Teich und kommandierte:

„Waldi, apport!"

Da sprang Waldi ins Wasser und schwamm weit auf den Teich hinaus. Er packte das Holz mit den Zähnen,

kam wieder zurückgerudert, schüttelte sich ab und legte das Holz seinem Herrn zu Füßen. „Brav, Waldi, brav", lobte ihn der Grüngekleidete, und Waldi winselte vor Freude auf. Das gefiel mir überhaupt nicht.

Und noch eine andere Sache missfiel mir sehr. Waldi besaß nämlich statt eines Schwanzes bloß so ein kurzes Stummelchen.

„Wo hast du denn deinen Schwanz gelassen?", fragte ich ihn; und er antwortete:

„Schwänze sind nicht mehr in Mode, den hab ich mir abschneiden lassen."

„Hat dir das etwa auch dein Herr befohlen?", forschte ich weiter und schien damit einen wunden Punkt berührt zu haben. Jedenfalls ging Waldi auf meine Frage nicht näher ein, sondern entgegnete:

„Du wirst es zwar nicht für möglich halten – aber manchmal gehorcht mein Herr auch mir!"

„Das glaube ich dir erst, wenn du es mir gezeigt hast!"

„Gut", erwiderte Waldi, „du sollst es gleich sehen."

Er begann nach allen Seiten zu schnuppern, und auf einmal knurrte er mir halblaut zu: „Ich hab keine besonders guten Augen, Schnurr; aber meine Nase sagt mir, dass sich dort drüben am Waldrand ein Kaninchen herumtreiben muss. Sieh doch mal, bitte, genauer hin!"

Ich erfüllte ihm seinen Wunsch und sah drüben bei jenen Bäumen, die Waldi einen Wald genannt hatte, das Kaninchen Löffelohr umherhopsen.

„Das passt großartig!", sagte Waldi. „Jetzt gib acht, wie gut mein Herr mir gehorchen wird!"

Er winselte auf und deutete mit der Schnauze in die Richtung, wo Löffelohr friedlich herumhoppelte. Sein

Herr unterbrach die Unterhaltung mit meinem Menschen und blickte auch dorthin. „Jetzt gib acht", knurrte Waldi. „Er wird mit dem hohlen Stecken auf das Kaninchen zeigen, dann macht er den Finger krumm, und es gibt einen lauten Knall. Dann wird das Kaninchen einen Purzelbaum schlagen, und ich hole es her."

Tatsächlich legte sein Herr den hohlen Stecken an die Wange, und gleich darauf gab es einen fürchterlichen Knall. Vor Schreck schlug ich selbst einen Purzelbaum! Als ich dann wieder auf allen vieren stand, sah ich Löffelohr zwischen den Bäumen verschwinden. Nur sein weißes Schwänzchen leuchtete noch ein paar Mal von Ferne auf. Waldi ließ seinen Schnauzbart hängen und meinte traurig:

„Schade! Das passiert meinem Herrn nur selten, dass er mit seinem hohlen Stecken daneben knallt. Ich hätte dir gar zu gern einmal vorgeführt, wie ich die Beute herbeischleppe. Aber wenn du magst, kann ich es dir auch so zeigen …"

Waldi packte mich mit den Zähnen am Wickel und wollte mich ein Stück forttragen. Das war jedoch ganz und gar nicht nach meinem Geschmack. Ich begann laut zu zetern und strampelte wie verrückt um mich.

„Pfui, Waldi!", rief der grün gekleidete Herr. „Sofort bei Fuß!"

Waldi ließ mich auf der Stelle los und setzte sich seinem Herrn zu Füßen. „Warum wehrst du dich?", fragte er mich leise. „Es geschieht dir ja nichts dabei! Komm, versuchen wir es noch einmal!"

Er erhob sich und wackelte mit dem Schwanzstummel, um mir zu zeigen, dass er sich bloß einen Spaß mit mir machen wollte. Aber ich habe für solche Späße nichts übrig und lief in unsere Hütte zurück. Später kam auch mein Mensch herein. Er nahm mich in die Vorderpfoten und sagte immer wieder:

„Du bist mir ein schöner Held! Alles was recht ist – du bist mir ein schöner Held!"

Ich weiß nicht, was ein schöner Held ist; aber ich sah, dass mein Zweibeiner über das ganze Gesicht schmunzelte, als er das sagte. Das wollte mir gar nicht recht gefallen, und ich war froh, dass die alberne Geschichte endlich vorüber war.

DAS HÄTTE AUCH SCHIEFGEHEN KÖNNEN

Heute blühten die ersten Brombeeren

ES WAR AN EINEM SCHÖNEN WARmen Nachmittag, ich lag am Waldrand und sonnte mich. Plötzlich sah ich nicht weit von mir einen langen Schwanz im Gras herumkriechen. Er kroch kreuz und quer durch die Wiese und schien niemandem zu gehören. „Das musst du dir einmal näher ansehen!", sagte ich mir und stupste den herrenlosen Schwanz ein wenig mit der Pfote an. Da begann er schneller dahinzukriechen. Ich berührte ihn mit den Krallen, und er sauste noch schneller durchs Gras. Mit anderen Worten: Die Sache begann außerordentlich interessant zu werden!

Doch plötzlich hielt der Schwanz inne. Er ringelte sich zusammen, und aus der Mitte des Ringes erhob sich ein kleiner Kopf – ein Kopf mit zwei winzigen Äuglein und einem Maul, aus dem zwei rote Flämmchen hervorzüngelten und wieder verschwanden. Die kleinen Augen starrten mich unverwandt an, und das Maul machte immerzu: „Sssssssss! – Sssssss!"

Ich saß da und rührte mich nicht mehr vom Fleck. Wie gelähmt musste ich in die bösen kleinen Augen blicken. Langsam näherte sich der fremde Kopf meiner Schnauze, und ich sah, dass es nicht zwei Flämmchen waren, die aus seinem Maul hervorzüngelten; es war eine dünne, am Ende gespaltene Zunge!

„Ich beisssss dich! Ich beisssss dich!", zischte das Maul mich an.

War es zu fassen? Ich wusste ganz genau, dass das seltsame Ding vor mir im höchsten Grade gefährlich und böse war – aber ich konnte mich nicht bewegen! Wie gebannt starrte ich auf das Maul, das immer wieder zischte: „Ich beisssss dich! Ich beisssss dich!"

„Dass du dich bloß nicht irrst!", brummte da plötzlich eine fremde Stimme hinter mir. Dann ging alles sehr schnell. Ein Tier mit spitzem Rüssel und vielen langen Stacheln am ganzen Körper stürzte sich auf den Schwanz mit dem bösen Kopf – und schnurps-schnurps! fraß es ihn bis zur Schwanzspitze auf. Dann wandte sich das Stacheltier mir zu, blinzelte mich mit seinen kleinen Augen an und sagte:

„Du hattest mehr Glück als Verstand, mein Lieber! Wäre ich nicht zufällig dazugekommen, dann hätte sie dich genau in die Schnauze gebissen, und es wäre um dich geschehen gewesen."

Ich wunderte mich darüber, dass mich das Tier mit dem spitzen Rüssel kannte; aber noch mehr staunte ich, als es sagte:

„Du wohnst hier mit deinem Menschen in der Hütte und bist in der ersten Nacht in den Teich gefallen, nicht wahr? Ich bin nämlich zufällig in der Nähe gewesen, als es passierte. Da staunst du wohl, was? Aber ich weiß alles über dich."

„Und wer bist du?", fragte ich neugierig.

„Ich heiße Stachelpeter und bin ein Igel. Voriges Jahr habe ich bei deinem Menschen in der Hütte gewohnt. Jeden Tag hat er mir eine Schüssel Milch und andere gute Sachen hingestellt. Aber schließlich bekam ich das alles satt und bin ihm davongelaufen. Es war mir auf die Dauer zu anstrengend mit ihm. Nachts, wenn ich am liebsten auf Jagd gehe, schläft er bekanntlich. Und dann ist die Tür zu! Nacht für Nacht bin ich in seiner verriegelten Hütte umhergelaufen, um wenigstens ein paar Heuschrecken oder Schaben zu fangen. Aber wenn du meinst, dass ich etwas gefunden habe, dann bist du im Irrtum. Und dein Mensch hat auch noch geschimpft, weshalb ich die ganze Nacht herumlärme. So haben wir uns schließlich getrennt. Es geht eben doch nichts über ein freies Leben, verstehst du."

„Was ist das – ein freies Leben?", fragte ich ihn.

Der Igel runzelte die Stirn, bis sein Gesicht fast ganz unter den Stacheln verschwand, und sagte: „Ein freies Leben – das bedeutet, dass man über-

haupt niemandem gehört. Man tut alles auf eigene Faust, kümmert sich um alles selbst und braucht nicht zu warten, bis jemand kommt und einem das Fressen vor die Nase setzt."

Der Stachelpeter war, wie er sagte, ein großer Jäger, der Mäuse, Schaben, Frösche und Käfer jagte. Selbst vor Schwänzen mit Kopf hatte er keine Angst. Diese gefährlichen Biester hießen übrigens Kreuzottern, wie ich von ihm erfuhr.

„Solch eine Kreuzotter kann mit ihrem Biss sogar einen Menschen töten", behauptete er; und ich war heilfroh, dass er sie aufgefressen hatte. Was hätte ich denn anfangen sollen, wenn diese verflixte Kreuzotter meinen Menschen getötet hätte?

Es scheint gar nicht so einfach zu sein, ein freies Leben zu führen. „Zum Beispiel", sagte der Igel, „ist es eine üble Sache, wenn man sich für den Winterschlaf nicht richtig bettet. Einige meiner Freunde haben sich im vergangenen Herbst an ungeeigneten Orten verkrochen – und als sie dann im Frühjahr eigentlich hätten erwachen sollen – stellte es sich heraus, dass sie in der Zwischenzeit erfroren waren! Schrecklich, schrecklich – aber was will man dagegen machen?"

Auf diese Weise erfuhr ich, dass die Igel den ganzen Winter unter einem Haufen trockener Grashalme und Blätter zu schlafen pflegen. „Solch ein Heu- und Laubhaufen muss nicht nur genügend groß sein, er sollte sich möglichst auch an einer Stelle befinden, wo der Wind ihn nicht auseinanderblasen kann", erklärte mir der Stachelpeter. „Auch muss man als vernünftiger Igel darauf bedacht sein, sich den Sommer über schön satt zu fressen, um gehörig dick und fett zu werden, damit man während des langen Winterschlafs etwas zum Zusetzen hat."

Dies alles war äußerst merkwürdig, und ich hätte mich gern noch nach vielen anderen Dingen erkundigt; doch plötzlich reckte der Stachelpeter den Rüssel in die Höhe, sog die Luft ein und sagte:

„Wenn meine Nase mich nicht trügt, und ich habe eine sehr gute Nase, dann ist dein Mensch in der Nähe. Da verschwinde ich lieber. Bleib gesund, lieber Kater Schnurr, und nimm dich in Zukunft vor Kreuzottern in Acht, die sind nämlich nicht zum Spielen da!"

GESPRÄCH MIT DEM UNTERIRDISCHEN

Heute fand ich viele Maulwurfshügel

MEIN ZWEIBEINER HAT ES SICH WIEder mal in den Kopf gesetzt, mich zu ärgern. Als ich heute vor unserer Hütte saß, streckte er eine seiner Vorderpfoten nach mir aus und rief:

"Hoppla, Schnurr!"

Wenn er das sagt, beginne ich immer wütend zu knurren. Ich mache einen Buckel und springe nach seiner Hand. Aber im letzten Augenblick weicht er aus, und ich falle auf alle viere. Dann streckt er seine Hand immer höher, und ich bekomme immer größere Wut und mache von Mal zu Mal größere Luftsprünge. Aber heute hab ich ihn erwischt! Ich war schon ganz müde gesprungen und bekam kaum noch Luft. Da wurde mir klar, dass ich mit aller Wut nichts erreiche. Ich musste ihm anders kommen.

Von nun ab blieb ich im Gras liegen, den Kopf auf den Vorderpfoten, als ob ich nicht mehr weiterspielen wollte. Er hingegen setzte mir immer wieder zu: "Hoppla, Schnurr! Hoppla-hopp!"

Ich hatte eine Mordswut im Leib, ließ sie mir aber nicht anmerken. Plötzlich bin ich dann losgesprungen, und schon hing ich mit Zähnen und Krallen an seinem Arm.

Mein Mensch fand das spaßig und rief: „Ausgezeichnet, mein Lieber! Was bist du doch für ein toller Bursche! Du bist ja der reinste Rekordspringer!"

Er lobte mich sehr und tätschelte mir das Fell. Dann trug er mich hinter die Hütte und legte mich auf der Wiese an einer warmen Stelle ins Gras. Ich war sehr müde und hatte nichts dagegen, dass er mich endlich in Ruhe ließ. Wie ich aber so dalag und vor mich hindöste, begann vor meiner Nase mit einem Mal ein schwarzer Erdhügel aus dem Boden zu wachsen. Nanu, was bedeutete das? Während ich zuschaute, wuchs der Erdhaufen immer höher empor. Als ich aber ein bisschen daran scharrte, hörte er sofort auf zu wachsen – und plötzlich begann er zu sprechen!

„Du wartest umsonst", sagte er. „Ich komm nicht heraus."

„Aber du bist doch schon ein ganzes Stück draußen", erwiderte ich.

Aus der Tiefe des Hügels ließ sich ein spöttisches Lachen vernehmen. „Du scheinst ganz schön dumm zu sein", sagte die Stimme aus der Tiefe. „Was du dort draußen siehst, ist doch bloß Erde aus meinem Gang. Ich bin nämlich heute hier unten beim Aufräumen."

Ich scharrte ein wenig an dem Hügel, und die Stimme sagte: „Wenn du weiterscharrst, laufe ich weg. Ich kann nämlich unter der Erde schneller laufen als du oben!"

„Du weißt, wer ich bin?", fragte ich.

Unter dem Erdhaufen wurde ein Schnüffeln hörbar, und die Stimme sagte: „Du bist kein Hund, und du bist kein Fuchs – also wirst du wohl eine Katze sein."

„Ich bin aber keine Katze! Ich bin ein Kater und heiße Schnurr."

„Das kann stimmen", sagte der Unterirdische. „Du hast einen ziemlich strengen Geruch an dir."

„Und was tust du dort unten, unter der Erde?"

„Ich gehe hier auf die Jagd. Was sollte ich sonst tun?"

„Wenn du aber dort unten nichts siehst?"

„Dafür habe ich eine ausgezeichnete Nase! Damit wittere ich in meinen Gängen jeden Regenwurm schon von Weitem."

„Was ist das nun wieder – ein Regenwurm?", fragte ich.

„Wenn du keine Regenwürmer kennst, dann weißt du nicht, was ein Leckerbissen ist!", sagte der Unterirdische schmatzend. „Du musst wissen, dass die Regenwürmer jeden Abend auf die Weide gehen. Dann kriechen sie durch meine Gänge, und ich hab eine Menge Arbeit, wenn ich sie alle fangen will. Ich fange sie auch am Morgen, wenn sie von der Weide zurückkehren. Da hat man ganz schön zu rennen, aber es macht sich bezahlt. – Hast du übrigens schon mal eine Schlange gesehen?"

Ich erzählte ihm von der Kreuzotter, die mich unlängst um ein Haar gebissen hätte. „Aber zum Glück ist der Igel Stachelpeter im rechten Augenblick dazugekommen und hat sie aufgefressen", fügte ich hinzu.

„Na also, dann ist die Geschichte ja ganz einfach", sagte der dort unten. „Du musst dir einen Regenwurm genauso vorstellen wie eine Schlange, nur

sehr viel kleiner und vollkommen harmlos. Außerdem haben Regenwürmer keine Augen, weil sie keine brauchen; sie können nämlich mit dem ganzen Körper sehen."

Über diese letzte Behauptung des Unterirdischen staunte ich sehr, und ich hätte ihn gern noch weiter darüber gefragt. Aber da fing er plötzlich zu schmatzen an und sagte:

„Ich wittere in meinem Gang hinter der nächsten Ecke einen fetten Regenwurm. Das ist um diese Zeit eine große Seltenheit – so wahr ich ein Maulwurf bin!"

Unter dem Erdhaufen wurde es still, und ich blieb oben allein zurück. Schade, dass sich mir der Unterirdische nicht gezeigt hat! Jetzt kann ich mir noch so lange den Kopf darüber zerbrechen, wie solch ein Maulwurf wohl aussieht. Ich erfahre es doch nicht.

DER DOTTERGELBE

Heute stehen die Brombeeren in voller Blüte

BEI EINBRUCH DER DUNKELHEIT BEschloss ich, die Regenwürmer beim Weiden zu beobachten. Leider hatte mir der Maulwurf nicht verraten, wo sie sich dabei aufhielten. So blieb mir nichts weiter übrig, als die ganze Wiese nach ihnen abzusuchen. Aber obwohl ich aufmerksam lauschte und umherblickte, konnte ich keinen einzigen dieser Regenwürmer finden. Ich lief immerzu kreuz und quer durch die Wiese und war schon ganz nass vom Tau, aber es klappte nicht.

Plötzlich packte mich jemand sehr unsanft an der Gurgel und warf mich auf den Rücken. Ich sah über mir einen großen dottergelben Katerkopf mit funkelnden gelben Augen. Ein fremder Kater hatte mich überfallen! Sofort fing ich an, mit den Hinterpfoten um mich zu schlagen.

Der fremde Kater ließ von mir ab und pustete die Haare weg, die er mir herausgerissen hatte. Dann setzte er sich mir gegenüber ins Gras und sagte:

„Du schlägst dich nicht schlecht, Kleiner! Aus dir kann noch mal was werden!"

Ich sah, dass er mächtig stark war, und hielt es für angebracht, ihn nicht zu reizen. Deshalb fragte ich höflich:

„Du bist von hier?"

„Klar", erwiderte der Dottergelbe kurz angebunden.

„Aber weshalb lässt du dich tagsüber nie hier sehen? Du kommst wohl bloß nachts hierher?"

„Klar. Und was tust du hier? Du wohnst in der Hütte, nicht wahr? Pass nur gut auf, dass die Mäuse deinem Menschen nicht das Brot und den Käse wegfressen! Vielleicht komme ich auch mal zu euch und gehe euch in der Speisekammer über den Rahm …"

Diese Rede flößte mir Schrecken ein; aber der Dottergelbe beruhigte mich und sagte:

„Dies hier ist nicht mein Jagdgebiet. Aber ich kenne eine große Hütte hinter dem Wald, wo es Hühner und Gänse und kleine Küken gibt. Von denen will ich mir heute Nacht ein paar holen."

„Sieh mal an!", sagte ich. „Du stiehlst also den Leuten hinter dem Wald die Küken weg?"

„Klar", sagte der Dottergelbe und grinste.

„Und die hindern dich nicht daran?"

Der Dottergelbe wandte mir sein Hinterteil zu und sagte:

„Da – fühl mal!"

Ich spürte auf seinem Rücken ein paar harte Beulen unter dem Fell. Der Dottergelbe erzählte mir, wie ihn einmal ein Mensch bei der Hühnerjagd überrascht hat. „Da hat er mit einem hohlen Stecken nach mir gezielt, und plötzlich hat es geblitzt und gekracht. Im nächsten Augenblick ist es mir wie Feuer in die Hinterpfote gefahren. Ich kann dir sagen, das hat vielleicht wehgetan! Zum Glück hab ich gar nicht alles abgekriegt. Sonst wäre mir der Appetit auf Küken für immer vergangen. Aber so hab ich mich mit der Zeit halbwegs wieder erholt, und – nun ja, ich bin jedenfalls um eine Erfahrung reicher. Unsereins kann sich vor den Menschen gar nicht genug in Acht nehmen."

„Die Menschen sind deine Feinde, Dottergelber?"

„Klar."

„Und du bist ein Feind der Menschen?"

„Auch klar."

„Und wer ist dein Freund?"

„Niemand."

„Du hast überhaupt niemanden, den du gern hast?"

Der Dottergelbe ließ seine scharfen Krallen sehen.

„Ich hab Küken gern", sagte er mit breitem Grinsen; dann fügte er hinzu:

„Und was dich betrifft, Kleiner, so würde ich dir raten, dass du mir besser nie ins Gehege kommst. Am besten, du hältst dich aus meinem Jagdgebiet raus, sonst mache ich kurzen Prozess mit dir."

„Weißt du was, Dottergelber?", fauchte ich. „Du bist ein Raufbold und kannst mir gestohlen bleiben!"

Da wurde der Dottergelbe böse und schickte sich an, über mich herzufallen. Auch ich bekam große Lust zu kämpfen. Aber ausgerechnet jetzt knarrte die Tür unserer Hütte, und mein Zweibeiner trat heraus. Der Dottergelbe duckte sich zur Erde und verschwand wie eine Schlange im hohen Gras.

Mein Mensch blickte mich an und wunderte sich nicht schlecht über mein gesträubtes Fell. Er konnte sich nicht erklären, weshalb ich so angriffslustig knurrte und fauchte.

EIN TRAURIGER ABEND

Heute waren die Brombeeren rot

GESTERN HATTEN WIR, MEIN MENSCH und ich, einen großen Zorn aufeinander, und das war so gekommen:

Manchmal pflegt mein Mensch auch hier, in der Waldhütte, zu schreiben. Er schreibt immer nur mit einer einzigen schwarzen Kralle, die er eigens dazu in die Pfote nimmt. Außerdem setzt er sich zum Schreiben auch noch ein zweites Paar Augen auf. Das sind seltsame Dinger, die sich niemals schließen, sondern nur immerzu starr vor sich hin blicken. Wenn mein Mensch müde ist, legt er die Schreibkralle aus der Hand, nimmt die blitzenden Dinger von der Nase und streicht sich mit beiden Pfoten über die richtigen Augen. Die sind blau wie die meinen und klappen auch manchmal zu, wie sich das gehört. Er streicht sich also über die geschlossenen Augen, und die merkwürdigen blinkenden Dinger liegen einstweilen auf dem Tisch und warten, bis er sie wieder aufsetzt. Ich mag sie nicht leiden, sie sind mir unheimlich.

Gestern nun hatte mein Mensch sein zweites Augenpaar wieder einmal weggelegt, um sich die richtigen Augen zu reiben. Da machte ich einen Satz und habe den unheimlichen Dingern, die sich niemals schließen, eins mit der Pfote gegeben.

Na, das war eine schöne Geschichte! Die Dinger fielen auf den Fußboden, es machte klirr, und sie rollten davon – jedes der beiden in eine andere Richtung! Ich wollte ihnen nachsetzen und sie ein wenig in der Stube umherjagen, aber da geschah etwas völlig Unerwartetes: Mein Zweibeiner packte mich am Genick – und stellt euch vor, er hat mich zum ersten Mal in meinem Katzenleben regelrecht verprügelt! Er versohlte mich nach Strich und Faden und warf mich zur Tür hinaus.

Ich rannte davon, was die Füße hergaben. Bloß fort, in den Wald! Dann bin ich durchs Dickicht gelaufen, das Fell gesträubt, den Schwanz zwischen die Beine geklemmt, und war zornig auf die ganze Welt. Ich muss wohl auch schrecklich wütend ausgesehen haben, denn das Eichhörnchen Rotrock flüchtete sofort auf den höchsten Baum, das Kaninchen Löffelohr hopste ängstlich in seinen Bau, und der Igel Stachelpeter verkroch sich zitternd im Gebüsch. Das war gut so, ich hätte sie alle miteinander in kleine Stücke zerreißen können!

Ich fauchte und knurrte und rannte unentwegt kreuz und quer durch den Wald. Der Tag begann sich zu neigen, und ich hörte meinen Menschen nach mir rufen. Aber ich gab keine Antwort. „Ruf du nur!", dachte ich. „Du hast mich geschlagen, nun kannst du mir gestohlen bleiben!"

Die Sonne ging unter, in der Hütte ging das Licht an, und mein Mensch rief immer wieder: „Komm heim, lieber Kater Schnurr! Komm doch bitte heim!" Aber ich tat keinen Mucks. Ich lief durch den Wald und fauchte vor mich hin: „Du hast mich geschlagen – nun kannst du von mir aus rufen, bis du schwarz wirst!"

Plötzlich hörte ich dann von fern, wie das blassblaue Ungeheuer mit dem Maul klappte. Gleich darauf begann es zu brummen und zu rattern. Seine weißen Augen blinkten auf, und es sauste in den Wald davon.

Ich lief zu unserer Hütte und blickte durchs Fenster hinein. Drin war es still und dunkel. Mein Mensch hatte mich verlassen! Das blassblaue Ding

hatte ihn mir entführt. Hatte ich nicht von allem Anfang an gewusst, dass es niederträchtig und böse war?

Mir wurde sehr schwer ums Herz. Ich setzte mich vor die leere Hütte und stimmte ein trauriges Liedchen an. Ich sang leise, lang gezogen und kläglich. Es war mehr ein Weinen als ein Gesang. Ich sang davon, dass mein Mensch mich verlassen hatte und dass ich nun mutterseelenallein auf der Welt war. Dabei blickte ich zu den Sternen empor und merkte nicht, dass plötzlich das Kaninchen Löffelohr herbeigehoppelt kam. Auch der Igel Stachelpeter und das Eichhörnchen eilten herbei. Ja sogar die Frösche im Teich unterbrachen ihr Konzert und hörten mir voller Rührung zu.

Ich weiß nicht, wie lange ich so dagesessen und gesungen habe. Aber auf einmal, nach einer kleinen Ewigkeit jedenfalls, leuchtete im Wald ein Paar weißer Augen auf. Das blassblaue Ding kam zurück! Ich hörte sein Brummen und Rattern und lief ihm entgegen.

Vier, fünf Schritte vor mir hielt es an. Es ratterte und brummte noch ein bisschen weiter, dann erloschen seine Augen, es wurde ganz still.

Ich brauchte nicht lange zu warten: Zwei große warme Menschenpfoten hoben mich in die Höhe. Mein Mensch war zurückgekehrt!

Wie war es doch mit einem Mal wieder schön auf der Welt! Draußen stand das blassblaue Ding still und friedlich da, in der Hütte lag ich im Körbchen meines Zweibeiners und kuschelte mich an ihn. Ich drängte meinen Kopf unter sein Kinn, und dann haben wir lange, lange gemeinsam wie närrisch geschnurrt.

HERR NIMMERSATT

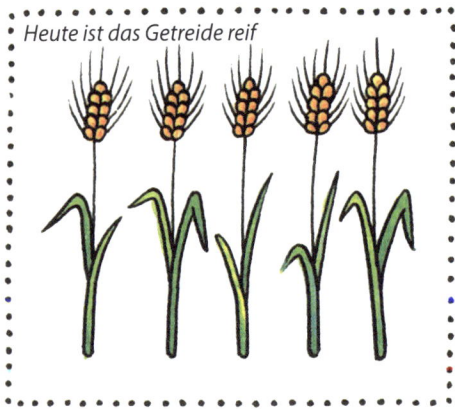

Heute ist das Getreide reif

HINTER UNSERER HÜTTE WÄCHST hohes Gras. Einmal hatte ich mich darin verirrt und musste eine ganze Stunde lang laut um Hilfe rufen, ehe mein Mensch mich darin fand. Das Gras ist so hoch, dass mein Mensch bloß knapp mit dem Kopf darüber hinausragt.

Heute früh hörte ich nun am Rand jenes hohen Grases jemanden singen. Er sang ein spaßiges Liedchen, das mir gefiel. Es ging ungefähr so:

„Willst du im Winter, willst du im Winter,
Willst du im Winter nicht hungrig sein:
Deck dich beizeiten, deck dich beizeiten,
Deck dich beizeiten mit Körnern ein!"

Ich ging der Stimme nach – und was fand ich? Mitten im hohen Gras hockte ein kleiner Dickwanst mit weißem Bauch und rostbraunen Hüften. Er hockte auf den Hinterpfoten, hielt mit den Vorderpfoten das obere Ende eines der langen Halme gepackt und zog es so rasch durch sein Maul, dass die Spelzen nach allen Seiten flogen. Als er den Grashalm losließ, war dessen oberes Ende, das sonst voller Körner sitzt, ratzeputz kahl gefressen. Der Pausbackige strich sich mit den Vorderpfoten das Bäuchlein und fing wieder an zu singen:

„Willst du im Winter, willst du im Winter,
Willst du im Winter nicht hungrig sein:
Deck dich beizeiten, deck dich beizeiten,
Deck dich beizeiten mit Körnern ein!"

Er sang das Liedchen zu Ende, langte sich einen neuen Grashalm herunter und begann wiederum daran zu knabbern, dass die Spelzen nur so davonstoben.

Sehr neugierig, sehr langsam und sehr leise schlich ich näher heran, um mir den Knabberer genauer anzusehen. Sein Gesicht war zum Platzen dick. Er bot einen lächerlichen Anblick, aber er duftete ausgesprochen appetitlich.

Als ich bis auf wenige Schritte an ihn herangekommen war, hörte der Pausbackige zu knabbern auf und sagte:

„Dass das klar ist! Aus Katzen mach ich mir überhaupt nichts. Und Kater pfleg ich in Stücke zu reißen. In Stücke, damit das klar ist!"

Diese Worte erschreckten mich sehr, und ich blieb wie angewurzelt sitzen. Der Pausbackige ließ den abgenagten Grashalm wieder fahren und sagte:

„Was glotzt du mich an? Also, damit das klar ist: Ich bin ein Hamster und heiße Herr Nimmersatt."

„Und was tust du hier?"

„Ich hamstere", sagte Herr Nimmersatt. Und ohne mich weiter zu beachten, zog er immer neue und neue Grashalme durch den Mund. Hinter den Ohren wuchsen ihm garstige Beulen. Das sah zwar abscheulich aus, aber es änderte nichts daran, dass er einen äußerst angenehmen Duft verströmte.

„Na, was schnupperst du da herum?", fragte Herr Nimmersatt gegen alle Regeln des Anstands mit vollem Mund.

„Ich warte, bis dir das Maul platzt; dann werd ich dich auffressen", sagte ich tapfer und duckte mich zum Sprung.

„Diese Freude mach ich dir nicht!", fauchte er – und was soll ich euch sagen? Plötzlich verschwand er vor meinen Augen in der Erde! Ich sprang ihm nach und stieß beide Vorderpfoten tief in sein Schlupfloch. Aber Herr Nimmersatt war und blieb futsch. Nur der herrliche Duft, der von ihm ausging, stieg mir aus dem Loch in die Nase.

Während ich noch überlegte, was ich nun tun sollte, stand Herr Nimmersatt dann mit einem Mal wieder vor mir. Er war ganz woanders wieder zum Vorschein gekommen, als wo er verschwunden war. Zornig rollte er die Augen und schrie mich an:

„Mach, dass du von meinem Feld verschwindest! Du kriegst nicht die kleinste Ähre von mir! Nicht das winzigste Körnchen bekommst du!"

Ich war völlig verdattert. Herr Nimmersatt hatte jetzt plötzlich ein ganz mageres Gesicht und fauchte mich an:

„Ich soll dich wohl augenblicklich in Stücke reißen, wie? All das Getreide hier gehört mir, dass das klar ist! Ich hab daheim schon einen großen Haufen davon liegen und werde auch alles Übrige fortschaffen! Niemand soll auch nur ein einziges Körnchen davon abkriegen!"

Langsam begann ich vor seinem Geschelte zurückzuweichen. Aber das hätte ich wahrscheinlich nicht tun sollen. Sein Zorn wurde immer größer, und schließlich warf er sich mit einem wilden Schrei auf mich. Da habe ich's mit der Angst bekommen und bin – nun ja, es lässt sich nicht leugnen – ich bin vor ihm ausgerissen.

Aber jetzt könnte ich mich deswegen grün und gelb ärgern. Denn inzwischen ist mir völlig klar geworden: Ich hätte den blöden Hamster packen und auffressen sollen! Er hat nicht umsonst so wunderbar lecker geduftet. Genauso lecker wie eine Maus, wenn nicht am Ende sogar noch ein bisschen leckerer!

WARUM DAS PFERD TRAURIGE AUGEN HAT

Heute duftet es nach feuchter Erde

BEI UNS ZU HAUSE, WO WIR SONST wohnen, habe ich solch einen riesigen Vierbeiner noch nie zu Gesicht bekommen. Ich sah solch ein furchterregendes Tier zum ersten Mal hier bei unserer Hütte, wo wir im Sommer hausen. Es ist riesengroß, größer als mein Mensch. Wenn es läuft, bebt die Erde unter seinen Tritten. Und beim Laufen nickt es ständig mit seinem großen Kopf. Manchmal lässt es auch ein mächtiges Schnauben hören, dann presse ich mich dicht an den Boden, um nicht womöglich gefressen zu werden.

Als ich mich heute wieder einmal vor dem Riesentier duckte, kam zufällig der Dottergelbe von unlängst des Weges. Er fletschte seine starken Zähne und lachte mich aus. „Seht euch den Helden an!", rief er. „Er fürchtet sich vor einem Pferd!" Der große Vierbeiner war also ein Pferd.

„Pferde sind die allerdümmsten Tiere auf Erden, weil sie immerzu bloß für die Menschen schuften", belehrte mich der Dottergelbe. „Solch ein Pferd geht keinen Schritt allein. Stets ist ein Mensch dabei, der ihm das Geschirr auf den Nacken legt und ihm befiehlt, was es zu tun hat. Beim kleinsten Ungehorsam wird es von seinem Menschen geschlagen. Soll ich es dir beweisen? Gib acht!"

Er schlich in die Nähe des Pferdes und sprang es plötzlich mit lautem Fauchen an. Das Pferd warf erschreckt den Kopf zurück und begann mit den Vorderpfoten auszuschlagen. Dafür versetzte ihm sein Mensch sofort ein paar Hiebe mit einem Stecken, an dessen Ende eine lange dünne Schnur hing. Die Schnur pfiff und klatschte dem Pferd um die Ohren. Das Pferd neigte den Kopf und ging gehorsam weiter. Seine großen dunklen Augen blickten starr geradeaus. Ich sah, dass sich das große starke Pferd vor dem Menschen und seinem Stecken fürchtete, und schlich ein Stück Weges neben ihm her. Das Pferd lief und lief und nickte dabei ständig mit dem Kopf. Es blieb nur stehen, wenn sein Mensch es ihm befahl; und sobald die pfeifende Schnur seine Flanken traf, lief es wieder weiter.

Was für traurige Augen es hatte, das arme Pferd! Die ganze Angelegenheit war überhaupt eine traurige Sache, wie mir schien.

Das Pferd schleppte ein schweres Ding hinter sich her, das der Mensch mit beiden Pfoten fest in den Boden drückte. Mithilfe dieses schweren Dinges pflügten der Mensch und das Pferd die Erde um. Ich konnte mich nicht genug darüber wundern, dass sich solch ein großer und starker Vierbeiner ohne Weiteres im Geschirr führen ließ.

Mein Mensch hat das auch bei mir einmal versucht. Eines Tages hat er mir ein Halsband mit einer Leine umgebunden und gesagt: „Los, mein Lieber, jetzt gehen wir hübsch miteinander spazieren." Aber als er an der Leine zog,

legte ich mich auf den Rücken. Mein Mensch redete
mir gut zu: „Sei vernünftig
und geh brav mit dem Herrchen! Na, so komm schon!"
Aber gerade nicht! Ich gehe
mit keinem Herrchen spazieren wie ein Hund. Das könnte meinem Zweibeiner so
passen!

Mein Mensch wurde zor-
nig und wollte mich immer
wieder dazu überreden, mit
ihm zu kommen. Nichts zu
machen bei mir. Also begann
er an der Leine zu zerren. Ich
schloss die Augen und ließ
mich ein Stück über den Boden schleifen. Das war sehr un-
angenehm; aber ich sagte mir:
„Wenn du jetzt nachgibst, hast
du für alle Zeiten verspielt!"

Endlich sah mein Mensch ein,
dass er bei mir an den Falschen
geraten war. Da hörte er mit der
Zieherei auf und nahm mir die
Leine vom Hals. Dann begann
er mich zu streicheln und mit
mir schönzutun. Ich huschte ihm
auf die Schulter und gab ihm zu
verstehen, dass ich nicht mehr
böse auf ihn war. Anschließend
gingen wir miteinander spazie-

ren wie sonst. Beide schön frei, wie sich das gehört. Und ich ging diesmal besonders artig, um ihm zu zeigen, dass es auf diese Art besser sei.

An diese Geschichte musste ich denken, während ich dem Pferd bei der Arbeit zuschaute. Ich sprang aus meinem Versteck hervor und gab ihm den Rat:

„Warum legst du dich nicht einfach auf den Rücken, Pferd? Dich wird dein Mensch ganz bestimmt nicht wegziehen können!"

Aber das Pferd schnaubte bloß erschrocken auf, und an seiner Stelle antwortete mir sein Mensch, oder vielmehr sein Herr:

„Verschwinde, du Ungeheuer!"

Die lange dünne Schnur an seinem Stecken pfiff auf mich nieder, und ich empfand plötzlich rings um meinen Hals einen beißenden Schmerz. Vor Schreck schlug ich einen Purzelbaum, und nun biss mich die pfeifende Schnur zu allem Überfluss auch noch ins Hinterteil. Da rannte ich winselnd nach Hause in unsere Hütte.

Daheim reckte ich meinem Menschen den Hals hin; er sollte mich dort streicheln, wo es am meisten brannte.

Nun wusste ich also, warum das Pferd traurige Augen hatte. Und es tat mir sehr leid, dass ich es meinem Zweibeiner nicht erzählen konnte.

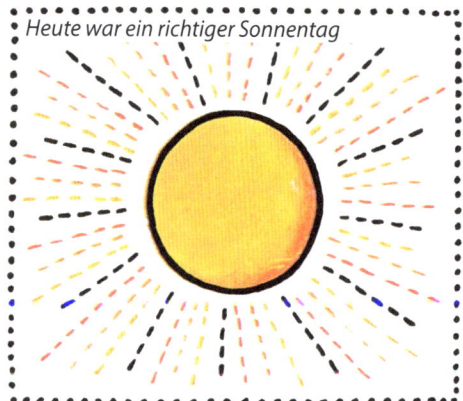

Heute war ein richtiger Sonnentag

MANCHMAL SPAZIERE ICH MIT MEInem Zweibeiner am Teich entlang. Am Ufer sonnen sich die Frösche, und ich scheuche sie immer auf. Ich laufe ein Stück voraus, denn mein Mensch kann nicht leise genug auftreten und vertreibt mir die Frösche viel zu früh. Ich schleiche schön leise an sie heran, und wenn ich dann ganz in der Nähe bin, fauche ich plötzlich los. Dann hüpfen die Frösche erschrocken in den Teich: platsch, platsch, platsch, platsch! Aber weil sie entsetzlich neugierig sind, gucken sie gleich darauf wieder hervor, um zu sehen, wer sie da erschreckt hat. Ich laufe bis dicht an den Teich heran, und sie – platsch – verschwinden abermals in der Tiefe. Nach einer Weile stecken sie ihre Glotzaugen ein Stückchen weiter entfernt aus dem Wasser. Das ist eine äußerst lustige Unterhaltung für mich. Man kann dieses Spiel rund um den ganzen Teich spielen.

Heute hatte mein Mensch aber keine Lust, mit mir rund um den ganzen Teich zu spazieren. Nach einer Weile schlugen wir einen Fußweg ein, der vom Teich wegführt und später in einen großen, breiten Weg mündet, den ich gar nicht besonders gern habe. Dort sausen nämlich ständig mit großer Geschwindigkeit und abscheulichem Krach viele junge und alte Omnibusse vorbei, vor denen man sich schrecklich in Acht nehmen muss, damit man nicht überfahren wird.

Ich knurrte unwillig, als wir diesen Weg einschlugen; aber ein Ärger kommt selten allein. Plötzlich entdeckte ich nämlich in einiger Entfernung etwas, wovor ich mich am meisten fürchte: einen Haufen kleiner Menschen. Man nennt sie Kinder, soviel ich weiß. Und die Kinder, die uns hier entgegen kamen, waren nicht mehr ganz klein, es waren Buben von mittlerer Größe. Sie machten ein Mordsgeschrei – und plötzlich hörte ich mitten in dem Lärm, den sie vollführten, ein dünnes, verzweifeltes Stimmchen um Hilfe rufen. Ein Katzenstimmchen! Ich blickte meinen Menschen an, und mein Mensch blickte mich an. Dann rannten wir wie auf Kommando zu den Menschenjungen hin. Mein Mensch voller Zorn, ich voller Angst.

Einer der Buben hielt ein Kätzchen In den Armen, das schrecklich jammerte. Die anderen wollten es ihm entreißen. Als sie meinen Zweibeiner kommen sahen, erschraken sie. Das Kätzchen entwischte ihnen und rannte zu mir. Die Buben kamen hinterhergerannt und wollten es wieder einfangen.

Ich hatte furchtbare Angst, dass die Buben merken könnten, wie sehr ich mich vor ihnen fürchte. Deshalb machte ich mein gefährlichstes Gesicht und zeigte ihnen mit zornigem Fauchen die Zähne. Da wichen die Buben ein Stück zurück. Mein Mensch hob das Kätzchen vom Boden auf, und wir gingen nach Hause.

Die Kleine gehörte – genau wie ich – zur Familie der Siamkatzen; das erkannte ich auf den ersten Blick an ihren himmelblauen Augen und ihrem silbergrauen Fell. In der Hütte angekommen, führte ich sie zu meinem Körbchen. Sie zitterte am ganzen Körper vor Angst und war ganz verheult. Ich leckte ihr die Tränen ab und fragte sie in der Katzensprache:

„Sag mal, wie heißt du eigentlich?"

Sie antwortete mir mit größter Mühe: „Kik – kik …" Dieses Gestotter war alles, was sie hervorbrachte. Sie konnte nicht einmal richtig miauen; immerzu ließ sie nur dieses verschreckte „Kik, kik, kik" hören. Deshalb beschlossen mein Mensch und ich, sie „Kiki" zu nennen.

Mein Zweibeiner goss Milch in mein Schüsselchen, und ich lud Kiki ein: „Bitte, bediene dich!" Als sie ein wenig von der Milch geschlabbert hatte, kam sie etwas zu Kräften. Ich wedelte ihr mit dem Schwanz vor der Schnauze herum, und sie versuchte ihn mit der Pfote zu haschen. Das war ein gutes Zeichen.

„Hör mal zu, Kiki", sagte ich zu ihr. „Von jetzt an brauchst du keine Angst mehr zu haben. Du bleibst nun für immer bei uns, und da bist du in Sicherheit."

Kiki machte ein unbeschreiblich dummes Gesicht. Sie schien eine Weile angestrengt nachzudenken und – machte plötzlich ein Pfützchen.

„Aber Kiki, in der Hütte darf man das nicht!"

Kiki machte wieder ein dummes Gesicht und verzog sich gähnend in mein Körbchen. Dort kuschelte sie sich zusammen und schlief ein. Ohne sich vorher gewaschen zu haben! Na, das konnte ja gut werden mit dieser

Kiki! Gleich morgen wollte ich ihr zeigen, wohin man zu gehen hat, wenn man Pfützchen machen muss – und wie man die Angelegenheit hinterher sauber zuscharrt. Mit anderen Worten: Ich musste sie von Grund auf zu einer anständigen Katze erziehen.

Während ich mich im Körbchen dicht an sie herankuschelte, um sie zu wärmen, dachte ich darüber nach, womit Kiki am anderen Tag spielen sollte. Über diesen Gedanken schlief ich ein und begann zu träumen. Und wovon träumte ich? Im Traum war ich selber wieder ein kleines Kätzchen und spielte mit dem weißen Lederball, den mein Zweibeiner mir geschenkt hatte. Ich rollte den Ball durch die ganze Menschenwohnung, bis er zuletzt in eine Ritze fiel, wo ich ihn mit der Pfote nicht mehr erreichen konnte. Dann habe ich vor dieser Ritze gesessen und so lange gewimmert, bis mein Mensch hinzukam und mir den Ball wieder herausfischte.

KIKI IST VERWÖHNT

Heute sind die Brombeeren schwarz

MIT KIKI HABEN WIR NICHTS WIE SCHErereien, mein Mensch und ich. Kiki stört uns auf Schritt und Tritt. Immerzu möchte sie spielen; und was mir ganz besonders missfällt: Immerzu möchte sie mit meinem Menschen herumschmusen.

Wenn ich irgendwo sitze und nachdenke, kommt Kiki im nächsten Augenblick herbeigeschlichen – und schnapp! packt sie mich am Schwanz. Dann ist es aus mit dem Nachdenken. Ich muss mich auf den Rücken legen und Kiki beibringen, wie man kämpft. Das ist eine nette Unterhaltung; aber ich muss mich verdammt in Acht nehmen, dass ich ihr dabei keinen Schaden zufüge. Ich packe sie bloß zum Schein mit den Vorderpfoten um den Hals und hüte mich, die Krallen herauszustrecken, damit ich sie nur ja nicht etwa kratze.

Aber Kiki ist schrecklich dumm; und wenn sie in Fahrt kommt, wird sie sofort grob. Sie scheint nicht zu wissen, wie scharf ihre Krallen sind. Und ihre Zähne erst! Gestern zum Beispiel, da hat sie mir einfach das linke Ohr durchgebissen. Als ich mich dann ein wenig heftiger wehrte als sonst, begann sie mich anzuzischen wie einen Fremden. Und ritsch-ratsch! gab sie mir ein paar mit den Krallen über die Schnauze. Das hat mir gereicht! Ich rettete mich mit einem Sprung auf das Fensterbrett und schimpfte sie aus:

„Genug jetzt, Kiki! Soll das vielleicht ein Spiel sein?!"

Kiki rannte beleidigt zu meinem Menschen, der auch gerade am Nachdenken war. Wenn er nachdenkt, ist nichts mit ihm anzufangen. Dann läuft er mit starrem Blick ohne Sinn und Ziel in der Wohnung umher, und man muss sich in Acht nehmen, dass er nicht aus Versehen auf einen drauftritt.

„Der hat jetzt gerade Zeit, sich mit Kiki abzugeben!", dachte ich schadenfroh. Aber Kiki stieg ihm auf die Schulter und schmiegte sich schnurrend an seinen Nacken. Und mein Zweibeiner? Statt sie auf der Stelle hinauszuwerfen, weil sie ihn beim Nachdenken gestört hatte, begann er zu lachen. Er streichelte Kiki und schien sehr zufrieden mit ihr zu sein. Selbst als Kiki ihn kratzte, dass ihm das rote Blut über den Kragen lief, nahm er ihr das nicht weiter übel. Er setzte sie behutsam auf den Fußboden und schenkte ihr eine Kugel aus zusammengeknülltem Papier zum Spielen. Offenbar war er gar nicht böse darüber, dass er nun einen Grund hatte, nicht weiter nachdenken zu müssen. Kurz und gut, die beiden unterhielten sich miteinander, als sei ich überhaupt nicht vorhanden. Kiki tat das mit voller Absicht, und das schmerzte mich tief.

Ich begann laut zu miauen, um damit zu bekunden, dass ich hinausgelassen zu werden wünschte. Mein Mensch öffnete mir die Tür, ohne mich sonderlich zu beachten; dann spielte er seelenruhig mit Kiki weiter. Wütend rannte ich ins Freie und sagte mir:

„Na warte, euch werd ich's zeigen."

Ich lief an eine Stelle, von der ich weiß, dass es dort nur so von Mäusen wimmelt. Dort begann ich zu jagen. Aber richtig, nicht bloß zum Spaß. Und ich jagte und jagte, bis ich sieben Mäuse erbeutet hatte. Die legte ich alle vor unserer Hütte nieder, und dann miaute ich ununterbrochen, bis mein Mensch kam und mir öffnete.

Kiki kam mit ihm an die Tür. Sie beachtete meine sieben Mäuse kaum und fragte bloß schnippisch:

„Na – und?"

Aber mein Mensch lobte mich über den grünen Klee. Er nahm mich auf den Arm und sagte mir viele ausgesprochen nette Dinge. Und das versöhnte mich wieder mit ihm.

KIKI HAT MUT!

Heute war wieder ein prächtiger Sonnentag

DANN UND WANN GEHT MEIN MENSCH an den Teich zum Baden, und ich begleite ihn. Am Ufer setze ich mich nieder und sehe zu, wie er im Wasser herumplanscht. Das Baden ist auch wieder solch eine seltsame Angewohnheit der Menschen. Sie jauchzen und schreien dabei wie nicht recht gescheit, besonders wenn mehrere Leute gleichzeitig im Wasser sind. Bald tauchen sie unter, bald spritzen sie sich gegenseitig voll, und immerzu lachen und kreischen sie. Weiß der Kuckuck, was sie daran so ungeheuer spaßig finden!

Was mich betrifft, so begleite ich meinen Zweibeiner immer nur bis ans Wasser. Dort bleibe ich sitzen und schaue ihm zu, wie er schwimmt. Wenn er dann genug hat und endlich ans Ufer steigt, müssen wir warten, bis er wieder trocken ist; dann gehen wir gemeinsam nach Hause. So haben wir das immer gehalten, und so wäre es voraussichtlich auch geblieben – wenn wir unsere Kiki nicht gehabt hätten.

Heute ist mein Mensch nämlich wieder einmal zum Baden gegangen, und diesmal haben wir auch Kiki mitgenommen. In der letzten Zeit weicht sie ja meinem Zweibeiner ohnehin keinen Schritt von der Seite. Als mein Mensch aber dann ins Wasser sprang, begann Kiki verzweifelt zu jammern. Ich versuchte sie zu beruhigen und sagte:

„Du brauchst keine Angst zu haben, der kommt wieder raus! Lass uns hier auf ihn warten, Kiki."

Aber Kiki hörte mir überhaupt nicht zu. Sie lief an den Rand des Teiches und jammerte herzzerreißend. Mein Mensch rief ihr zu:

„Kiki! Willst du nicht zu mir kommen? Komm doch zu mir, Kiki!"

Kiki war drauf und dran, ihm zu folgen. Aber als sie sich die Tatze nass gemacht hatte, wich sie schleunigst zurück und fing wieder zu jammern an. Dabei rannte sie aufgeregt am Ufer hin und her, je nachdem, wohin sich mein Mensch im Wasser gerade bewegte.

Und er rief immer wieder: „Komm doch! Du wirst doch keine Angst haben!"

Mich hat er nicht gerufen. „Na schön", sagte ich mir, „ausgerechnet Kiki wird dir ins Wasser nachspringen! Dass ich nicht lache!"

Dann tauchte mein Mensch plötzlich

unter – und weg war er. Kiki brach in ein fürchterliches Geschrei aus. Als mein Zweibeiner kurz danach wieder auftauchte, ließ sie einen letzten verzweifelten Schrei hören und sprang ihm nach. Das Wasser schlug über ihr zusammen. Ich wurde vor Schreck ganz starr. Aber zum Glück kamen Kikis Ohren gleich wieder zum Vorschein – und ebenso ihre Kulleraugen, ihr gesträubter Schnurrbart und das Ende ihres Schwanzes.

Stellt euch vor, Kiki schwamm zu meinem Menschen hinaus!

Meinem Zweibeiner verschlug es die Sprache. Nicht vor Schreck, sondern vor Freude. Sie schwammen aufeinander zu. Er schloss Kiki in die Arme und strahlte über das ganze Gesicht.

Wenn ich es mir mit meinem Menschen nicht völlig verscherzen wollte, musste etwas geschehen, und zwar sofort. Seit ich damals zu nächtlicher Stunde in den Teich gefallen war, wusste ich ja, dass ich schwimmen konnte. Also überwand ich mich und stieg in die Fluten. Vorsicht, Vorsicht, damit ich kein Wasser in die Ohren bekam und mir den Schnurrbart nicht nass machte! Dann schwamm ich, so gut ich es fertigbrachte, auf Kiki und meinen Menschen zu.

Das war eine tolle Sache. Unser Mensch hatte große Freude an mir. Er streckte mir beide Vorderpfoten entgegen und half mir auf seinen Rücken hinauf. Dort hockte auch Kiki bereits. Sie schüttelte heftig den Kopf und spuckte und prustete.

Als sei mein Mensch gar nicht vorhanden, sagte ich zu Kiki:

„Hast du aufgepasst, wie man richtig ins Wasser geht? Auch das will gelernt sein! Einfach hineinspringen darf man nicht. Man muss das hübsch vorsichtig tun. Als vernünftige Katze hält man die Schnauze schön nach oben und achtet besonders auf seine Ohren. Wenn du das nämlich getan hättest, brauchtest du dir jetzt nicht das Wasser herauszuschütteln. An unserem Menschen darfst du dir in dieser Beziehung kein Beispiel nehmen. Der hat keine so schönen Ohren wie wir, denen schadet das Wasser nicht.“

Unser Mensch hat uns beide sehr gelobt, und dann sind wir alle miteinander ans Ufer geschwommen. Er mit großem Geplätscher und Gekeuche und Geschnaufe; und wir beide, Kiki und ich, schön leise und flink, wie es sich für Katzen gehört.

Am Ufer begann unser Mensch uns abzutrocknen – genauso wie zu Hause, wenn er mich gebadet hat. Kiki gefiel das nicht, sie fing an zu brüllen. Aber ich sagte ihr: „Lass gut sein, Kiki, das kannst du ihm nun mal nicht ausreden. Nachher bringen wir es in Ordnung.“

Als der Mensch von uns abgelassen hatte, führte ich Kiki an ein warmes, sonniges Plätzchen. Dort haben wir uns dann so lange mit der Zunge abgescheuert, bis wir ganz trocken und glatt waren. So, als habe es niemals ein Wasser für uns gegeben.

Kiki hat also heute ihren Mut bewiesen. Das war sicherlich gut und schön. Ich habe bloß den Verdacht, dass sie uns damit eine dumme Geschichte eingebrockt hat. Bisher sind wir mit meinem – jetzt muss ich schon sagen: mit unserem Menschen nämlich nur spazieren gegangen. Von heute an werden wir mit ihm wohl auch schwimmen müssen. Und wenn das Schwimmen auch keine besondere Kunst ist – ein besonderes Vergnügen ist es für unsereinen erst recht nicht!

EIN GEFÄHRLICHER KAMPF

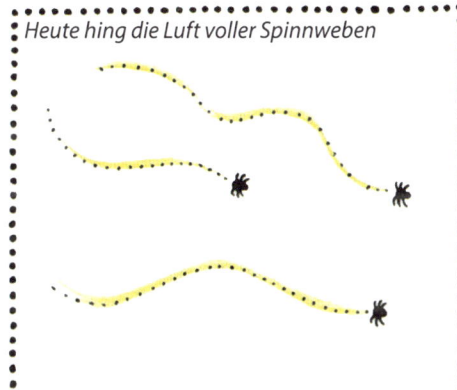

Heute hing die Luft voller Spinnweben

VORIGE WOCHE BIN ICH ZUM LETZ-ten Mal mit dem Dottergelben zusammengetroffen. Nicht zusammengetroffen, sondern aneinandergeraten. Seither weiß ich, dass er niemals mehr zu unserer Hütte kommen wird.

Es war bereits ziemlich dunkel, und ich saß mit Kiki vor unserer Hütte. Als ich gerade dabei war, ihr klarzumachen, dass es sich für unsereinen nicht schickt, grüne Heuschrecken zu jagen, raschelte plötzlich etwas im Gras – und neugierig, wie Kiki nun einmal ist, lief sie sofort nachsehen, was es da gäbe. Kurz darauf hörte ich sie vom Waldrand her um Hilfe rufen.

Nichts Gutes ahnend, rannte ich ihrer Stimme nach – und was musste ich sehen? Der Dottergelbe hielt sie am Hals gepackt und wollte sie ins Gebüsch schleppen!

Das brachte mich in große Wut.

Ich kenne die Regeln des Kater-Zweikampfs. Man hat langsam auf den

Gegner zuzugehen, wobei man schon von Weitem gefährlich zu knurren und zu schimpfen hat. Je näher man kommt, desto lauter knurrt man. Dann steht man einander gegenüber und mustert sich. Den Schwanz eingeklemmt, die Krallen bereit, Auge in Auge, Schnurrbart an Schnurrbart. Dabei schreit man so laut wie möglich:

„Huuuuuuh, jaaahuuuuuuh, juuuuuuh!"

Dann brüllt man sich gegenseitig an:

„Bl-lam, bl-lam, bl-lam, huuuuuuh! Jaaahuuuuuuh, juuuuuuh!"

Und zwischendurch macht man hin und wieder:

„Chrrrrrr! Prsk!"

Das bedeutet in der Menschensprache: „Komm nur her, ich werde dich in Stücke reißen, du elender Kriecher! Aus deinen Ohren mache ich Fransen, dass du den Mäusen zum Gespött wirst, du Hasenfuß!"

Wenn man schon eine Weile Gesicht an Gesicht gestanden hat, schreit man: „Also los, du Flaumfeder! – Aha, du hast Angst, du halbe Portion! Los – oder du kannst was erleben, du Jammerlappen! Ich werd dich so zurichten, dass dich zeitlebens keine Katzendame mehr anschaut, du räudiges Viech!"

Räudiges Viech: Das ist bei uns die allerschwerste Beleidigung, die man sich denken kann. Danach geht es unweigerlich los mit dem Zweikampf.

Aber für all diese Förmlichkeiten war jetzt keine Zeit.

Ohne die geringste Vorbereitung sprang ich den Dottergelben an und verbiss mich in sein linkes Ohr. Er ließ von Kiki ab und brüllte:

„Ich bring dich um, du verfluchter …!"

Er wollte noch etwas hinzufügen, aber ich ließ ihm keine Zeit dazu. Patsch, patsch! verpasste ich ihm von jeder Seite eine Ohrfeige. Dann verbiss ich mich in sein anderes Ohr. Der Dottergelbe schrie auf und versuchte mich abzuschütteln, aber ich ließ nicht locker. Ich wusste: Wenn ich ihm unter die Hinterpfoten geriet, war das mein Ende.

Wir rauften fürchterlich. Der Dottergelbe mit großem Gebrüll, und ich lautlos.

101

Wer schreit, kann nicht richtig zubeißen. Es war mein erster regelrechter Kampf, und es hätte leicht auch mein letzter sein können. Wie lange er gedauert hat, weiß ich nicht. Plötzlich war er zu Ende. Winselnd schleppte sich der Dottergelbe davon. Ein paar Mal blickte er zaghaft zurück, ob ich ihm folgte. Aber ich ließ ihn laufen.

Ich schaute mich um. Ringsumher lagen viele dottergelbe Haarbüschel verstreut. Unweit des Kampfplatzes aber glühten zwei rote Augen. So rot leuchten in der Finsternis nur die Augen von Siamkatzen. Es war Kiki. Ich wollte zu ihr laufen; aber beim ersten Schritt musste ich vor Schmerz laut aufheulen. Meine rechte Hinterpfote war abscheulich zerbissen. Langsam kam Kiki auf mich zu. Sie setzte sich mir gegenüber ins Gras, blickte mich an und schnurrte. Ich muss sagen, sie sah sehr hübsch aus.

Nun begannen auch meine anderen Wunden zu schmerzen. An der Kehle lief mir das Blut herab. In diesem Zustand konnte ich unmöglich nach Hause zurückkehren. Ich fing also an, mich in Ordnung zu bringen. Aber das war eine mühsame Sache. Und schmerzhaft dazu! Au weh, ich wusste gar nicht, wie rau meine Zunge ist …

Kiki blickte mich eine Zeit lang an. Dann rieb sie sich zutraulich an mir und begann mir die Wunden zu lecken, die ich selbst nicht erreichen konnte. Seltsamerweise schmerzte das überhaupt nicht.

Dann saßen wir noch lange Zeit beieinander und schauten den großen gelben Vollmond an. Ich sang ein Lied davon, wie ich den Dottergelben besiegt hatte. Und ich merkte, dass ich erwachsen war.

WIEDER IN DER STADT

Heute fiel welkes Laub von den Bäumen

MEIN, ODER VIELMEHR UNSER Mensch hatte in diesen Tagen wenig Zeit für uns. Das blassblaue Ding machte ihm Kummer. Wenn er wollte, dass es ihn irgendwohin fuhr, sprang es schlecht an. Es hustete und keuchte erbärmlich, bevor es sich endlich vom Platz bewegte. Vielleicht hatte es sich erkältet. Während der ganzen Zeit, die wir in der Waldhütte verlebt hatten, hatte es ständig draußen im Freien schlafen müssen. Daran lag das wohl.

Unser Zweibeiner beschäftigte sich in diesen Tagen wieder sehr viel mit dem blassblauen Ding. Wieder umkroch er es wie ein Hund auf allen vieren, wieder zwängte er sich von Zeit zu Zeit darunter, bis nur noch seine Hinterpfoten zu sehen waren. Kurzum, er verhielt sich genau wie damals, als er das blassblaue Ding bekommen hatte. Aber jetzt machte mir das wenig aus. Er hatte sein blassblaues Ding, und ich hatte Kiki.

Eines Tages hat unser Mensch das blassblaue Ding gebadet, und hernach

hat er es so lange gestreichelt, dass es wieder wie eine Speckschwarte glänzte. Dann ließ er sich von ihm verschlucken, und es begann sehr zufrieden zu brummen. Kiki und ich sprangen auch hinein, und das blassblaue Ding sauste mit uns davon.

Nach einer Weile schliefen Kiki und ich ein, und als wir erwachten, stand das blassblaue Ding in seiner kleinen Höhle vor unserem großen Haus in der Stadt. Dort, in unserem Stadthaus, begannen wir nun wieder zu wohnen.

Als ich mit Kiki zum ersten Mal in den Garten kam, betrachteten uns die anderen Kater sehr aufmerksam. Das gefiel mir. Bloß die Gelbe Mieze ist in der Zeit meiner Abwesenheit ein bisschen seltsam geworden. Sie spricht neuerdings nämlich nur dann mit mir, wenn ich allein bin. Sobald Kiki dabei ist, tut sie, als seien wir Luft für sie.

„Dürfen Kiki und ich aufs Dach kommen, wenn du unseren Gesangverein das nächste Mal zusammenrufst?", fragte ich sie eines Tages. Darauf antwortete mir die Gelbe Mieze nicht gleich. Sie leckte sich ungeheuer gründlich die Pfoten und meinte dann:

„Wenn du kommen willst – bitte. Aber dann gefälligst allein. Dieses blauäugige junge Ding kann mir gestohlen bleiben!"

„Wenn Kiki nicht kommen darf, komme ich auch nicht", erwiderte ich.

Darauf antwortete mir die Gelbe Mieze mit keiner Silbe und ging weg.

Ich erzählte von diesem Gespräch meinem Freund, dem Kater Weißbart. Der sträubte das Fell und wackelte mit den Ohren. Dann sagte er:

„Das sind schwierige Dinge, mein Lieber! Seit du mit Kiki zurückgekommen bist, ist mit der Gelben Mieze schlecht auszukommen. Wenn wir uns zum Singen treffen, ist sie sehr ruppig. Unlängst hat sie sogar den kohlschwarzen Raubauz geohrfeigt, weil er angeblich falsch gesungen hat. Das ist aber gar nicht wahr gewesen, und der Raubauz hat gesagt, dass er nie mehr kommt. Ich denke, das nächste Mal werden nur wenige Kater dort sein. Auch ich habe keine Lust mehr hinzugehen."

Nach dieser für ihn ungewöhnlich langen Rede begann mein Freund Weißbart am Zaun entlangzustreichen; dann sprang er ins Gras, zerkaute ein Blättchen und sagte:

„Ich werde dir etwas verraten, mein Lieber. Wir möchten einen neuen Gesangverein gründen. Ohne die Gelbe Mieze, aber mit Kiki. Dort könnten

sich alle unsere alten Bekannten einfinden – und natürlich könntest auch du hinkommen, wenn du magst. Wir haben schon darüber beratschlagt. Besonders der Angora-Mucki ist Feuer und Flamme für diesen Plan. Ich glaube, er hat ein Auge auf Kiki geworfen."

Mir gefiel dieser Plan überhaupt nicht. Ich erklärte meinem Freund Weißbart, dass Kiki noch viel zu jung sei und dass sich das einfach nicht schicke für sie. Weißbart brummte unzufrieden:

„Nun, wie du meinst. Aber du könntest Kiki wenigstens von unserem Plan erzählen. Dann mag sie sich selbst entscheiden."

Ich muss sagen, ich habe Kiki sehr ungern davon erzählt. Als ich fertig war, blickte sie mich groß an. Ihre blauen Augen mit den schwarzen Strichen darin verdunkelten sich plötzlich, und sie sagte:

„Für mich gibt es bloß einen einzigen Kater, mit dem ich singen mag. Und der bist du."

Was Kiki da gesagt hatte, freute mich über alle Maßen. Ich sprang auf den Baum, an dem mir die Gelbe Mieze das Klettern beigebracht hatte, und stolz stieg ich empor bis in die höchsten Zweige. Kiki kam mir flink nach. In der Krone des Baumes setzten wir uns dicht nebeneinander auf einen Ast, von dem man einen weiten Ausblick hat. Und dann haben wir lange Zeit schön miteinander geschwiegen.

EIN GROSSES EREIGNIS

Heute hat es geschneit

DIE TAGE WERDEN IMMER KÜRZER. Längst hat die Welt aufgehört, grün zu sein. Sie ist gelb geworden. Von den Bäumen fallen die welken Blätter hernieder. Durch den Garten laufen die Amseln. Sie tun immer das Gleiche. Aufmerksam lauschen sie zur Erde, aufmerksam blicken sie vor sich hin. Plötzlich springen sie herzu, werfen ein herabgefallenes Blatt zur Seite, picken mit dem Schnabel und ziehen einen fetten Regenwurm aus dem Boden.

Einst hatte ich zusehen wollen, wie die Regenwürmer weideten. Nun sah ich die Amseln nach Regenwürmern weiden. Sie tun es den ganzen Tag. Es wäre ein Kinderspiel, sie zu fangen. Aber ich weiß, dass Vogelfangen für mich verboten ist, und so schaue ich ihnen bloß zu.

Auch Kiki fängt keine Amseln. Sie ist in der letzten Zeit merkwürdig ernst geworden. Weder mit mir noch mit unserem Menschen spielt sie. Immer sitzt sie bloß da und blickt starr vor sich hin. Auf mich, auf unseren Menschen

– oder auch bloß ins Leere. Sie hat sich immer nur still verhalten in dieser letzten Zeit; und außerdem hat sie auf Schritt und Tritt gefressen.

In den letzten Tagen ist sie herumgelaufen, als suche sie etwas. Sie kroch in die dunkelsten Winkel unserer Höhle und blieb eine Weile dort sitzen. Dann kam sie wieder hervor und besichtigte eine andere, möglichst noch dunklere Ecke. Dabei lief sie ganz langsam und schwerfällig, als sei sie mit einem Mal sehr alt geworden.

Neulich bin ich ihr in solch eine dunkle Ecke nachgekrochen und hab ihr gesagt:

„Wenn du krank bist, Kiki, dann bringt dich unser Mensch zu einem Mann, der einen weißen Mantel trägt und dich wieder gesund macht."

Da wandte sich Kiki langsam nach mir um und sagte:

„Ich bin nicht krank."

„Dann bist du wohl böse auf mich, Kiki?"

„Ich bin auch nicht böse, Schnurr. Aber geh fort!"

Vielleicht war sie wirklich nicht krank. Wenn man krank ist, hat man bekanntlich keinen Appetit. Aber unsere Kiki fraß mit dem größten Behagen alles in sich hinein, was sie nur kriegen konnte. Davon wurde sie ganz schön rundlich. Das war sehr merkwürdig.

Und immerzu suchte sie etwas und suchte. Da brachte ihr unser Mensch eines Tages ein neues Körbchen mit. Es war so tief, dass ich nicht hineinsehen konnte. Unser Zweibeiner machte Kiki darin ein Lager zurecht und legte sie eigenhändig hinein. Dann passte er auf, dass ich nicht zu ihr hineinschlüpfte. Aber das hätte ich ohne Kikis Zustimmung ohnehin nicht getan.

Heute früh lief ich in den Garten hinaus – und was sah ich?

Draußen war es sehr still, und alles war über und über weiß. Die Menschen liefen ausnahmsweise so leise wie wir dahin; und wenn sie sprachen, war das sehr weit zu hören.

Ich lief nach Hause, um Kiki zu holen. Sie musste sich die weiße Welt unbedingt ansehen. Ich dachte mir: „Das wird ein Spaß, wenn Kiki das sieht!"

Aber als ich vor ihrem Körbchen stand, verschlug es mir fast den Atem. Da quiekte doch etwas im Körbchen! Kein Zweifel, da quiekte etwas! Und Kiki sagte von Zeit zu Zeit etwas mit leiser Stimme dazu, was ich nicht verstehen konnte.

„Kiki?", fragte ich. „Hast du eine Maus?"

„Ach, du Dummkopf!", erwiderte Kiki von drinnen. „Wir haben Kinder bekommen!"

„Darf ich sie sehen, Kiki?"

„Noch nicht."

Ich war plötzlich sehr froh und sagte:

„Wie viel sind es denn?"

„Vier Kätzchen."

„Vier Kätzchen?! Und alle sind blind, nicht wahr?", sagte ich und musste dabei an die Kinder der Gelben Mieze denken.

„Sie werden schon sehen lernen", brummte Kiki.

Ich wollte sie ein wenig necken und sagte:

„Sie sind ganz schön hässlich, nicht wahr?"

Kiki steckte den Kopf über den Rand des Körbchens. Ihre Augen waren klar und blau, mit dünnen schwarzen Strichen darin. Sie blickte mich eine Weile an. Plötzlich bekam sie wieder ganz dunkle Augen und sagte:

„Wenn mich nicht alles täuscht, sind sie ganz nach dem Vater geraten."

In diesem Augenblick packte mich unser Mensch am Wickel und beförderte mich zur Tür hinaus.

Ich lief in den weißen Garten, um allen Katern der Nachbarschaft und auch der Gelben Mieze die große Neuigkeit zu verkünden:

„Wir haben vier Kinderchen bekommen, Kiki und ich! Vier wunderschöne Katzenkinder!"